JSCP双書《4》

【新訂第2版】

教育課程論

小野まどか・御手洗明佳・坂田仰【編著】

教育開発研究所

JSCP 双書刊行にあたって

日本スクール・コンプライアンス学会（JSCP学会）は，学校教育における諸課題の研究・実践を通じて，スクール・コンプライアンス研究の発展に寄与することを目的に設立された研究会，旧「教育紛争検討会」を母体としている。

日本スクール・コンプライアンス学会は，旧「教育紛争検討会」が2007（平成19）年２月に第１回研究会を開催してから，2016（平成28）年で10年目という節目の年を迎えた。この間に見えてきた課題は，教職員が有する学校運営，教育実践面でのコンプライアンスに関わる知識の弱さである。価値観の多様化が進行し，法の「越境」，学校教育の「法化現象」が随所で顕在化している今日，教員養成段階と教員研修の両面でこの弱点を克服する作業が強く求められている。そこで，スクール・コンプライアンスという視点に立ち，10年の歩みを基礎としてJSCP双書を創刊することを決意した。

本書『教育課程論』は，JSCP双書の第二回配本にあたる。執筆にご協力いただいた会員の皆様，特に編集作業に携わってくれた小野まどか会員，御手洗明佳会員に感謝するとともに，本書が教職課程のテキストとして，広く活用されることを期待したい。

2024（令和６）年３月１日

JSCP学会を代表して
坂田　仰

JSCP双書《4》

【新訂第2版】教育課程論 ◇ 目次

はじめに

「教育課程論」と聞いて，どんなイメージが浮かぶだろうか。少しイメージしづらいかもしれない。けれども，時間割や教科書の内容，１コマの授業の中で行う学習活動ならイメージが浮かぶだろう。以下に示す時間割の枠に，あなたなら子どもたちのためにどんな時間割を組むだろうか。

□□学校　□年□組

時程	月	火	水	木	金	土
：〜：						
：〜：						
1時間目 ：〜：						
2時間目 ：〜：						
：〜：						
3時間目 ：〜：						
4時間目 ：〜：						
：〜：						
：〜：						
5時間目 ：〜：						
6時間目 ：〜：						

時間割を作成する際には，教科や学習時間をなんとなく配置するのではなく，１年間の学びを，あるいは３年間，６年間といったもっと長い期間の学びをどのように進めていくか考える必要がある。

これまでの刊行に際して「はじめに」で述べたように，小・中学校の９年の間に，約41万分（およそ6,800時間）もの時間を使って児童・生徒に必要な力を身につけられるようにしなければならない。6,800時間と聞くと長いように感じるかもしれないが，この限られた時間を有効活用しなければ貴重な子ども時代を無駄に過ごすことになってしまう。この貴重な期間を無駄にしないためには，学校にいる間に何を身につけるべきか目標を定める必要があるだろう。また，そのために何をどのようにして学ぶべきか学習内容も決める必要があるだろう。これらの教育に関わる目標や学習内容を定めたら，限られた時間を使ってどのように授業や活動を行うのか，組織的かつ計画的にそれらを組み立てていくことも必要である。

本書は，このような教育課程の編成に際して考えるべきことについて学びたいという方を対象に作られたテキストである。また，教育職員免許状を取得したいと考えている学生のみなさんにももちろん読んでいただけることを期待したい。そのため，本書では教職課程で修得が必要となる「教育課程の意義及び編成の方法（カリキュラム・マネジメントを含む。)」を踏まえ，学習指導要領の変遷だけでなく「教育課程の編成方法」（第７章～第９章，コラム）や「カリキュラム・マネジメント」（第10章）も取り上げた。

また，本書は日本スクール・コンプライアンス学会会員が執筆しており，前回の刊行に引き続いて，教育実践を支える根拠法規も取り上げている。本書を通じて，学習指導要領や教育実践の根拠となる法規に理解を深め，教育課程の編成をどのように行うべきかを考える一助となれば幸いである。

最後に，本書新訂第２版の出版にあたり，教育開発研究所の桜田雅美さんに大変お世話になった。改めて，新訂第２版の出版ができることに心より感謝したい。

2024（令和６）年３月

編者を代表して　小野まどか

第1章　教育課程とは何か

大島　隆太郎

はじめに

本章では，本書全体の導入として，教育課程の概念，意義，役割，目的，法的位置付け等について概観する。この議論を通じて，教育課程が学校における教育実践の根幹にあることを理解する。

第1節　教育課程とカリキュラム

はじめに，教育課程とカリキュラムの語から確認しよう。どちらも，これまでの学校・学生生活の中で耳にしたり，口にしたりしたことがあるだろう。そして，両者は互換的に使用できるイメージもあるかもしれない。しかし，教育学で用いる場合には，論者にもよるが，これらの語は，重なる部分もあるものの，それぞれ異なるニュアンスを帯びるものとして扱われる傾向がある。

まず，教育課程とは，端的には，①学校教育で行う教育・学習の内容について，取り扱う範囲を選択・決定して配列したもの，および，その計画を指し，②法令用語として，種々の法令等に従って各学校で編成される①に関するものを意味する。

他方，カリキュラムは，一般には，上記の教育課程の訳語にあたるが，もう少し広い意味を持つものとして，児童・生徒の「学習経験の総体」や「学習経験の履歴」といった定義もなされる。そもそも，curriculumという語は，ラテン語で「走路」（英語のcourseに相当）を意味し，curriculum vitaeと言えば「履歴書」を指す。

こうした背景から，カリキュラムは，単に教育行政・学校・教員等が作成する教育の計画のみならず，児童・生徒が学校教育を通じて学習してきた経験全体を指摘する広範な概念として定義されるのである*[1]。

そのため，このように広い意味を有するカリキュラムには，いくつかの段階や異なる側面が指摘可能である。例えば，国際学力調査の一つである国際数学・理科教育調査（TIMSS）が1993（平成5）年に設定したカリキュラムの三つのレベルというものが知られる。これは，「意図されたカリキュラム」「実施されたカリキュラム」「達成されたカリキュラム」の三つの側面からカリキュラムを区別的にとらえる。このうち，「意図されたカリキュラム」は，教育行政等において国家的・地域的な規模で制度的に設計されたものを指し，日本の文脈では，後述する学習指導要領などが該当する。「実施されたカリキュラム」は，教育課程として各学校・各教室で各教員により計画され，実際に行われた教育を指す。「達成されたカリキュラム」とは，児童・生徒個人がそのように実施された教育を受けた結果，学習した事柄・内容を指す。この見方によれば，一口にカリキュラムといっても，国レベルで共通性の高い部分と，個人の経験レベルで個別化・多様化している部分とがあることが指摘できるのである。

また，「隠れたカリキュラム」（hidden curriculumまたは潜在的カリキュラム）の概念も重要である。これは，教育行政・学校・教員等が必ずしも教育課程として意図的・明示的に取り扱っているとは限らないにもかかわらず，学校教育の過程の中で，児童・生徒が自ずと学習するもの，あるいは児童・生徒に学習されるべきものを指す。これは社会生活・道徳規範の形成において有用と考えられるものもあるが，特定の民族に根ざした文化・価値観，文化的階級の再生産，さらにはジェンダー役割等の社会的に望ましくない価値規範，行動原理の再生産に機能するもの，いわゆる「学校的」とされる価値観の形成にも関わる面がある。明らかに学校教育の中で，結果的に児童・生徒が何かを学習してしまっているにもかかわらず，公式の教育課程に書いてあるものではない。そのため重要でありながら通常その存在に気づきにくく，気づかない限り，その作用を見極めることも難しい。それゆえに「隠れた」と表現されるのである。

以上簡単に整理してきたが，これが教育課程とカリキュラムの語である。これを念頭において，本章では教育課程，特に法令用語としてのものを扱う。なお，現行の学習指導要領では，本文で「カリキュラム・マネジメント」という語が公式に使用されている。この内容は10章で扱うが，教育課程ではなく，カリキュラムの語が使用されている点は，今述べたような観点からも意識しておきたい。

第2節　教育課程の意義・役割・目的

それでは，なぜ，学校教育の実施に当たって，教育課程が編成されなければならないのだろうか。これについて，国の公式な見解では，教育課程とは，「学校教育の目的や目標を達成するために，教育の内容を児童の心身の発達に応じ，授業時数との関連において総合的に組織した各学校の教育計画であ」って，「学校教育が組織的，継続的に実施されるためには，学校教育の目的や目標を設定し，その達成を図るための教育課程が編成されなければならない」と述べられている*2。この意味は具体的には次のように理解される。

そもそも，学校教育は，小学校ならば6年間，中学・高校ならば各3年間という決められた有限の時間の中で，同一の発達や能力の程度の集団に組織化された多数の児童・生徒全員に対し，一定の目的や目標の下に体系化された内容の教育を同時的に施すものである。そして，最終的には，児童・生徒の日常の学習状況，学習等の到達度が，その学校が意図し，実施した教育に対し，どの程度満足する水準にあるか否かによって，修了や卒業の認定が行われることが建前で，同一の学校を卒業したものに対しては，その学校を卒業したという学歴資格が制度上付与されることになる。

一方，その教育を担う教員も1人ではなく，学年や教科ごと，また，学級数が増えれば同一学年・同一教科においても複数の担当者がいて，同じ学校の同じ学年でもクラスが変われば教科等の担当教員が異なる場合も往々にしてある。同じ学校を卒業したことが能力的証明を行う公的な資格として機能するためには，特定の学校が教育を行うべき児童・生徒全員に対して，どの教員，教科であれ，その学校が認める一貫したプログラムの中に位置付けられた教育を与える必要がある。加えて，そのような教育を全ての児童・生徒に対して行うにあたって，経営的側面では，教員の配置，教材・学校施設空間（音楽室・理科室等の特別教室，校庭，体育館，水泳プール等）には，現実的な利用上の制約があるため，「時間割」を作って交代で利用したりすることで対処すると同時に，決められた時間の中で同時並行的かつ効率的に教育を展開することも求められる。

そこで，このような組織的な教育を行う上で必要となるもの，つまり，各学校の定める教育の目標や目的を具体化し，計画的で継続性のある教育実践を効率的・効果的に行うために必要で，児童・生徒の学習および学校教育活動全体の評価の基準となるものが求められる。これこそが教育課程であり，その果たすべき機能なのである。

第3節　教育課程と学習指導要領の位置付け

そのためそのような機能を持つ教育課程について，日本では法令の規定に従って編成することが求められている。まず，小学校の場合，学校教育法33条で「小学校の教育課程に関する事項は，第29条（小学校の目的）及び第30条（小学校教育の目標）の規定に従い，文部科学大臣が定める」とされている。これと同様の規定が，幼稚園（25条），中学校（48条），義務教育学校（49条の7），高等学校（52条），中等教育学校（68条），特別支援学校（77条）それぞれに置かれることで，教育課程に関する事項は，いずれも文部科学大臣に決定を委任している。なお，法令において教育課程の語は，現在，学校教育法中にも使用されているが，2007（平成19）年の改正まで該当の条文は「教科に関する事項」だった。一方，1956（昭和31）年制定の教育委員会の組織，権限等を規定する「地方教育行政の組織及び運営に関する法律」では，制定当初から，教育委員会の権限中に教育課程の語が含まれてきた（21条5号）。歴史的には，こうした法令上の語句の差も，国が教育課程にどこまで関与可能かという問題に関わる一つの論点だった。

以上を受けて，小学校に関しては，学校教育法施行規則50条で教育課程にて取扱うべき教科等の種類，51条で各教科等の標準的な授業時数をそれぞれ定めるのに加えて，52条で「小学校の教育課程については，この節に定めるもののほか，教育課程の基準として文部科学大臣が別に公示する小学校学習指導要領によるものとする」として，学習指導要領を基準とすることを定める。この点も，他の学校種も同様である。

この学習指導要領（幼稚園の場合は幼稚園教育要領）は，文部科学省告示の形式で，幼稚園，小学校，中学校，高等学校，特別支援学校の五つが学校種・段階に応じて存在する。これは，①教育課程，学習指導，学校運営等に関わる一般的な事項を記述した総則の部分と，②各教科等において指導すべき学習の内容を，教科・科目等ごと，義務教育段階にあっては学年ごとに，具体的に指示した部分からなる。そして，これは，約10年に1回程度の頻度で，文部科学省内の一連の手続きを経て改訂されるのが慣例で，2023（令和5）年現在は，2017・2018（平成29・30）年告示の学習指導要領が使用されている。

以上が国レベルで定める教育課程に関わる法令等で，公立学校の場合には，これらに加えて，各学校が所在する自治体，各学校を所管する自治体の教育委員会が定める基準や大綱に従い，各学校において，教育課程を編成し，所管の教育委員会に届け出ることになっている*3。これが教育課程に関わる制度の大まかな枠組みであるが，ここでは学習指導要領についてもう少し言及しておこう。

さて，学習指導要領は，教育課程の大綱的基準であって，1958（昭和33）年改訂の際に，現在の官報告示の形式となってからは，行政解釈上，法的拘束力があるものとされ，現在では，誰もが履修すべき最低基準であるとされている。ここで，まず，重要なのは，学習指導要領は，法令上，厳密には教育課程の基準であって，教育課程そのものではない点である。日常的には，例えば，大学入試の場面などで，学習指導要領改訂前後の時期の受験生について，旧課程と新課程とを区別する場合があるが，このような例における「課程」は，実質的には，その生徒が学校で受けた際の学習指導要領を指しているようにも見える。もちろん，学校で提供されたもの／学習したものをカリキュラム＝教育課程とするならば，これを構成する基礎にある学習指導要領はその一部であるし，学習指導要領をナショナル・カリキュラムと称する場合もあるので，その意味では間違いではない。しかし，法令に言う教育課程は，前述の通り，各学校で編成するものを指す。学習指導要領は，その編成の際に参照されるものであって，狭義の教育課程には当たらないというのが公式な理解である。

次に，最低基準性である。これに関わる歴史的経緯は他の章にゆずるが，2000年代初頭に学習指導要領は国としての最低基準（ナショナル・ミニマム）であると文部科学省が公式に明確化している。学校教育として公的に提供される教育については，全国的な見地から水準の維持向上を図り，地域間格差が生じないよう，最低限の教育内容を担保する必要があるというのが理由である。

一方で，これが最低基準であることから，この基準を満たすことを前提に，現実には，さまざまな政策的観点から例外を認め，地域レベル，学校レベル，個人レベルでの多様化が進められてきた。

まず，2000年前後から進められる行財政機構全体の地方分権改革や，同時期に起こる「ゆとり教育」批判に伴って浮上する学力保障の必要性などの背景も後押しして，教育でも地方や学校の裁量拡大を図る規制改革が行われてきた。この中には，学習指導要領に関わるものもあり，まず，小中一貫教育，中高一貫教育に関わる特例がある。加えて，学校教育法施行規則55条の２等の規定により，地域の実態に照らし，より効果的な教育を実施するために必要で，教育基本法等の規定に照らして適切で，児童・生徒の教育上必要な配慮がなされていると認められる場合には，学習指導要領等によらない特別の教育課程の編成が認められている。実際，東京都品川区は，2006年度より区独自の効果的な小中一貫教育を実施するため，区教育委員会が「品川区立学校教育要領」（現行）*4を定め，国の学習指導要領にない科目や学校教育法施行規則の規定より多くの標準授業時数を設定する等して，区内の学校にこれに基づく教育課程を編成させている。

また，学校単位では，学校教育法施行規則55条等により，教育課程の改善の調査研究等を目的として，特別の教育課程の編成を認める教育課程特例校の制度がある。さらに，通常の学校であってもその裁量として，各学校において，高等学校の段階では，生徒や学校，地域の実態及び学科の特色等に応じて，特色ある教育課程の編成に資するよう，学習指導要領内で，各学校が独自の学校設定教科・学校設定科目を設けることが認められている（2018（平成30）年版高等学校学習指導要領第１章第２款3⑴エおよびオ）。中学校でも，生徒や学校，地域の実態を考慮し，生徒の特性等に応じた多様な学習活動が行えるよう，学習指導要領上の各教科や特に必要な教科を，選択教科として開設することが認められている（2017（平成29）年版中学校学習指導要領第１章第２教育課程の編成３⑴オ）。

そして，特に配慮が必要な児童・生徒の個別のニーズへの対応がある。そもそも，現在の日本の学校は，義務教育における就学義務制の採用などからも理解されるように，学校に必ず出席していることが前提である。また，「国語」の名称と内容から明らかなように，日本語が唯一の学校の教授言語として当然視され，児童・生徒は日常生活に不自由しない程度に日本語を理解できることを暗黙の了解として，学校を制度化・組織化してきた歴史がある。しかし，前者は，不登校児童・生徒等の問題として，後者は，グローバル化の進展に伴う帰国子女，外国人児童・生徒の増加等により，もはや当然視できるものではなくなっている。学校が，基本的人権として，すべての個人が社会生活を営む上で必要となる社会的・文化的素養や能力を身につけることを保障すると同時に，個人を社会的に統合していくための機関であり，装置であることを考慮するとき，不登校児に対して実質的な学力を保障しなかったり，日本語を母語としないものが日本の社会に適切に生活できるように教育を行わなかったりすることは，学校が社会において果たすべき役割を放棄しているということにもなる。そこで，学校生活への適応が困難であるため相当の期間学校を欠席し引き続き欠席すると認められる児童・生徒（学校教育法施行規則56条），日本語の通じない児童・生徒のうち，当該児童・生徒の日本語を理解し，使用する能力に応じた特別の指導を行う必要があるもの（同56条の２。以上は，それぞれ小学校に対する規定であるが各学校種における規定により準用される。）に対して教育を行う場合には，学校教育法施行規則50条１項，51・52条，すなわち，指導すべき教科の種類，標準時数，学習指導要領によらず，特別の教育課程を編成できることになっている。さらに，形式卒業者（長期の病欠，不登校等により，実質的には学校教育を受けておらず，学力等に問題があるにもかかわらず，制度上，形式的に学校を卒業したとみなされている者）への対応を含め，「学齢を経過した者のうち，その者の年齢，経験又は勤労の状況その他の実情に応じた特別の指導を行う必要があるものを夜間その他特別の時間において教育する」場合にも同様のことが認められている（学校教育法施行規則56条の4）。

このように，従来，画一的な面が強調されがちであった学習指導要領を核とした制度であるが，現在では，社会的な課題への対応や実質的な教育保障の文脈から，制度上も多くの面で例外的な措置が可能なようになってきている。なお，これらの規定は，「特別の教育課程」を編成することを可能としているのであって，どのような場合であれ，教育課程そのものを編成しなくてよいことを意味しない点には注意しよう。

第4節　これからの教育課程に求められること

ここまで見てきた教育課程の概念，役割や制度を踏まえれば，教育課程は学校教育に欠かせないものであることがわかるだろう。ところで，学校は，単に，従来の教育・学習指導を毎年繰り返せばよいものではなく，現在の教育課題，社会問題，学習者の置かれた状況に合わせて適宜更新が不可欠となる。特に，教育は将来の社会の担い手を育成するものであるので，教育を通じて，長期的な展望で社会問題に対応したり，変化する社会に対応できる個人を育成したりすることも考えられる。そこで，本章の最後に，こうした文脈で現在の教育課程政策で掲げられている，「社会に開かれた教育課程」*5「個別最適な学び」「協働的な学び」*6の三つの理念に簡単に触れておこう。

まず，従来，ともすると学校で与えられる教育・学習は，現実の社会や学校の所在する地域の状況や課題と乖離し，学校の中でしか役に立たず，意味を持たないと批判されることもあった。一方で，社会構造が変化する現代にあっても，学校は各地域に設置される性質のものであるから，住民の参画を行いながら地域社会・コミュニティを活性化するための核となる場にもなりうる。こうした点を踏まえ，学校の改善を通して社会の改善を目指すこと，この目標を社会と学校が共有すること，これからの社会を形成するのに必要な資質能力を学校教育で育成すること，学校教育がより社会，とりわけ地域と密接な協働関係を構築することを掲げたのが「社会に開かれた教育課程」である。学校を，社会との関係で適切な役割を果たし，社会問題の解決に資するよう，改めて位置付けたものと言える。

次に，学習に関わる理念のうち，個人への対応である「個別最適な学び」である。これは，前節で論じたような従来行われてきた画一的な対応が困難な児童・生徒への対応だけではなく，すべての児童・生徒の学習について，児童・生徒個人の学習状況や関心，キャリア形成に応じて，適切な学習の提供（「学習の個別化」）と指導（「指導の個別化」）等を行い，学校で身につけるべき知識・技能・能力の質を保障することを目指すものである。そもそも学習への関心や態度には個人差があり，個人の能力・性格の違い等から効果的な指導方法，学習方法にも差があることは従来から一般に指摘される。また，1984（昭和59）年に設置された臨時教育審議会の答申では，学校教育の画一性を打破し，「個性重視の原則」が掲げられたというような歴史もある。世界的には2000年代頃から，「学習の個別化」が今後の教育のあり方として検討され始めている。しかし，現実には，一斉授業による効率的な教育を行う近代学校制度の枠組みから脱却することは容易ではなく，日本では，教員数の問題，さらには児童・生徒個人の学習状況の情報を個別具体的に管理することの物理的・技術的な制約等からも，「学習の個別化」は困難なものであった。ところが，2020年代に入り，コロナ禍を経て，GIGAスクール構想のもと，児童・生徒個人に1台ずつの情報端末を配備することが実現した。その結果，ICT技術を利用して，児童・生徒の個別の学習状況・到達度を，従来よりも詳細に把握，管理することがより容易に実現できる状況が整った。そこで，こうしたツールを利用して，個人に最適化された学習を提供することが目指されるようになったのである。

一方で，このような形で学習を個別化するだけでは，教師と子ども，子ども同士，その他の人との相互の交流・協働が失われ，「孤立した学び」に陥ることも考えられる。また，こうした「学習の個別化」は従来，塾・予備校等の民間教育産業が広く行ってきた部分でもあり，ある意味では，公権力のもとで多様な背景の子どもが組織化されているからこそ可能な教育を提供するという学校の意義を否定することにもなりかねない。そこで，学校ならではの集団的な学びのあり方として求められるのが「協働的な学び」である。これを通じて，集団の中に個が埋没しないよう留意しつつ，他者を価値ある存在として尊重し，様々な社会的な変化を乗り越え，持続可能な社会の創り手となることができるような資質・能力の育成が期待されるとするのである。なお，このような形で政策理念として掲げられたのは近年のことであるが，集団・グループの中で児童・生徒がそれぞれ個人的な責任を負って役割を担い，相互に主体的に学びあう協働的（協同的）な学習そのものについては，学校教育学の中で古くから理論化が行われてきた長い歴史がある。

このように，現在，政策的にも求められる課題への対応を行いつつ，地域や児童・生徒個人のニーズを考慮して，学校として求められる教育を，法令に従って具体的に形にするために必要なのが，教育課程なのである。

考えよう！

1　自分が受けてきた教育の「カリキュラム」は，どのようなものだったか振り返り，他の人とどのような違いがあるか比較してみよう。

2　教育課程が学校の中でどのような役割を果たしているのか，これからどのような教育課程が求められるのか，議論してみよう。

〈註〉

＊１　佐藤学『教育方法学』岩波書店（1996年）105-109頁。

＊２　文部科学省『小学校学習指導要領（平成29年告示）解説 総則編』11，13頁)。

＊３　私立学校（小中高）の場合は，管轄が所在する都道府県の知事下の担当部局になるため，そこへ届け出ることになる。

＊４　2005年に最初のものが作成された。現行のものは2018（平成30）年に制定され，現行の名称もこの時に改められたものである。従前は，「品川区小中一貫教育要領」だった。

＊５　中央教育審議会「幼稚園，小学校，中学校，高等学校及び特別支援学校の学習指導要領等の改善及び必要な方策等について（答申）（中教審第197号)」平成28年12月21日。

＊６　中央教育審議会「「令和の日本型学校教育」の構築を目指して～全ての子供たちの可能性を引き出す，個別最適な学びと，協働的な学びの実現～（答申）（中教審第228号)」令和３年１月26日。

〈参考文献〉

・OECD教育研究革新センター編著（岩崎久美子訳）『OECD未来の教育改革２　個別化していく教育』明石書店（2007年）

・柴田義松『教育課程―カリキュラム入門』有斐閣（2000年）

・田中耕治・水原克敏・三石初雄・西岡加名恵『新しい時代の教育課程』第４版，有斐閣（2018年）

・日本協同教育学会編『日本の協同学習』ナカニシヤ出版（2019年）

第2章 カリキュラム編成の基本原理とカリキュラム評価

小野　まどか

はじめに

本章では，カリキュラム編成の基本原理とカリキュラム評価について取り上げていく。すでに「教育課程」と「カリキュラム」の用語の違いについて第１章で取り上げてきたように，日本においては公的な用語として「教育課程」が用いられている。しかしながら，本来，学校において何をどのような形で学ぶのかには様々な形態があり，カリキュラム研究の分野において研究が行われてきた。そこで，本章では日本の公的な「教育課程」である関係法令や学習指導要領だけにとらわれないという意味で「カリキュラム」を用いる。カリキュラムを編成する上でどのような要素を考えなければならないのか，そのカリキュラムを評価する際に注意しなければいけないことは何か等，カリキュラム編成とカリキュラム評価において必要となる基礎的な知識を取り上げていく。

第１節　様々な時間割や教科

表２－１を見てみよう。これはBenesse教育研究開発センターの調査によって紹介されている，フィンランドの首都ヘルシンキにある小学４年生（10・11歳）の時間割である[*1]。日本のものと比べて，いくつも異なる点があることに気が付くだろう。

例えば，日本では一般的に，平日毎朝同じ時間に学校の授業が始まるだろう。しかし，フィンランドの小学校の場合には，曜日によって開始時刻が異なっている。また，金曜日はお昼頃には授業が終わることや，「環境と自然の知識」（環境，地理，生物，物理，化学の内容を含む総合的な教科）や「演劇活動」といった時間があることもわかる。

10・11歳といえば，日本では小学５年生にあたる学年だが，**表2－1**では小学４年生となっている。これは，フィンランドの教育制度では義務教育が７歳から始まるためである。なお，日本では学校教育法17条によって「満６歳に達した日の翌日以後における最初の学年の初めから」小学校教育が開始されることを定めており，フィンランドより１歳早く義務教育が始まっている。また，フィンランドの場合は９年間一つの学校で学ぶことができるため，小学４

表2－1　ヘルシンキ（フィンランド）のある小学校の時間割例（小学４年生（10・11歳））

	月曜日	火曜日	水曜日	木曜日	金曜日
8：30〜9：15					国語・文学
9：15〜10：00		英語			環境と自然の知識
10：15〜11：00	国語・文学	算数	国語・文学	算数	英語
11：00〜11：45	昼食・休み時間				算数
11：45〜12：30	算数	美術	音楽	美術	国語・文学
12：30〜13：15	環境と自然の知識	宗教・道徳	環境と自然の知識	国語・文学	
13：30〜14：15	家庭科・技術	体育	国語・文学	演劇活動	
14：15〜15：00	家庭科・技術	体育			

出典）Benesse教育研究開発センター「『学習基本調査・国際６都市調査』速報版」（2007年）を基に作成

年生は９年間の教育期間のうちの前半に位置付けられる。

一方で，**表２－２**の時間割はどうだろうか。こちらも**表２－１**と同じ調査結果によって紹介されているものだが*２，イギリスのロンドンにある小学６年生（10・11歳）の時間割である。イングランドの教育制度では５歳から初等教育（小学校相当）が始まり，11歳から中等教育（中学・高校相当）が始まる。そのため，10・11歳は６年生であり，初等教育機関の最終学年である。同じ10・11歳でも，国によって学年が異なっていたり，その学校の前期課程に位置付けられるような学年だったり，最終学年だったり，立場が異なれば子どもたちの姿勢も異なるものになるだろう。

また，ロンドンの小学校では日本と同じように平日毎朝同じ時間に授業が始まるものの，やはり日本とは異なる部分がある。例えば，１コマが80分であること（教科によっては前半40分，後半40分で実施されるものもある）や「ICT／PSHE」(「PSHE」はPersonal, Social and Health Educationの略称で，薬物教育や

表2－2　ロンドン（イギリス）のある小学校の時間割例（小学６年生（10・11歳））

	月曜日	火曜日	水曜日	木曜日	金曜日
9:00～10:20	国語	国語	算数	算数	算数
10:55～12:15	歴史／地理（前半）体育（後半）	理科	国語	宗教（前半）体育（後半）	国語
12:15～13:30	昼食・休み時間				
13:30～14:35	算数	算数	理科	国語	ICT／PSHE
14:45～15:30	美術・デザイン／デザイン・テクノロジー	音楽		ICT／PSHE	

出典）Benesse教育研究開発センター「『学習基本調査・国際６都市調査』速報版」（2007年）を基に作成

シティズンシップ教育等を扱う）という時間があることもわかる。日本の小学校における各教科等の授業時数と見比べれば，家庭科や外国語の授業が無いことや，ロンドンの小学校における国語と算数の時間数の多さに気が付く人もいるかもしれない。

このように，国が変われば学年も取り扱う教科も，時間数も全く異なるのである。私たちが学校とはこういうものだと思い込んでいても，実際には全世界で当たり前のことではなく，その国がその「カリキュラム」を採用しているということに過ぎないのである。「カリキュラム」とは思ったより様々な考え方があるのではないかと気が付いた人もいるのではないだろうか。次節ではカリキュラムを編成する上で考えなければならない構成要素を紹介しよう。

第２節　カリキュラムの構成要素

学習指導要領にとらわれない，新しい学校を創設するとしよう。読者にはその学校の校長や教員の一人になりきってもらいたい。その学校では，子どもたちに何を教えるのか，その内容を教えるために授業時数は何時間必要か，授業の最後に試験を実施するのか，原級留置（留年）はあるのか等様々な要素を検討する必要がある。

このカリキュラムの構成要素について，安彦はこれまでの理論的な整理に基づき，「学校などの『カリキュラム』の具体的イメージを描く際に，手がかりとなるもの」として，**表２－３**の九つの要素を取り上げている（安彦 2006，安彦 2019）。

例えば，③履修原理に挙げられている履修の仕方について，日本の義務教育では学校教育法17条により年齢主義が採用されている。一方で，ドイツのように義務教育期間においても原級留置がある国があり（文部科学省 2022），課程主義を採用する国もある。もちろん，どちらにもメリット・デメリットはある。義務教育で年齢主義を採用している日本においては，その子どもの年齢に応じて学年

表2－3　カリキュラムの要素

①教育内容：教える知識・技能・態度・価値・活動・経験など ②組織原理：教育内容の組織の仕方＝教科・科目，○○活動，○○時間など ③履修原理：履修の仕方＝年数（年齢）主義，課程主義，必修，選択など ④教材：教育内容を教える際の材料・道具＝教科書教材，視聴覚教材，実験教材，実物教材など（教具・教育機器は「教育内容」を持たない） ⑤授業日時数：年間授業日時数，週時数，一日の時数，単位時間など ⑥指導形態：一斉指導，小集団指導，個別指導，実習，実験，調査など ⑦指導方法・指導技術：発問，指示，説明，評価など ⑧授業内容：授業中における情報・意見の交換など ⑨潜在的カリキュラム：授業の目標を超えて，子どもが結果的に身に付けた知識・技能・態度など

出典）安彦（2019年）より引用

が決まるため，同じ年齢の子どもたちと一緒に学ぶことができるという点で安心感があるだろう。他方で，過去には小学５年生で長期欠席になり，本人と保護者が留年の希望を出したにもかかわらず強制的に小学６年生に進級させられたとして，その取り消しを求めた事例として「神戸市立小学校強制進級事件」（神戸地方裁判所判決平成５年８月30日）もある。一度も学校に通わなくても，年齢が16歳以上になってしまえば小中学校で義務教育を受ける機会が失われてしまうのである。ただし，近年では「義務教育の段階における普通教育に相当する教育の機会の確保等に関する法律」の制定により，小中学校が年齢主義であることは変わらないものの，柔軟な対応に向けて動き始めているといえる。

この他にも⑨潜在的カリキュラムは他の章でも扱っており，学校教育の中で重要な要素となっている（第１章，第11章等）。①～⑨のカリキュラムの要素それぞれにおけるメリット・デメリットを把握して何を採用するのかを考えていく必要がある。

第３節　カリキュラムの類型

カリキュラムを編成する上で，「カリキュラムの類型」も理解しておく必要がある。先に示した**表２－３**の要素をどのように展開していくのかは，「カリキュラムの類型」の中でどのカリキュラムを採用するかによっても異なってくる。

「カリキュラムの類型」とは，大きく分けると系統主義による教育（教科カリキュラム）と経験主義による教育（経験カリキュラム）の二つに分類される。この二つのカリキュラムは互いに両極に位置しており，日本においても両者の間で揺れ動いてきたといえる（**表２－４**及び第３章参照）。これに対して，両者の間に位置する様々なカリキュラムが考え出され，カリキュラムごとの位置関係について類型化されてきた（代表的なものとしてホプキンスら／勝田・白根共訳1950や安彦1990等）。カリキュラムの名称も類型化も論者によって様々な議論がされ見解が異なっているため，ここでは「カリキュラムの類型」として安彦（1990）の六つの類型を紹介していきたい。

先にも述べたように，**表２－４**の両極に位置するのが①教科カリキュラムと⑥経験カリキュラムである。両者の間には四つのカリキュラムがあり，どの程度教科カリキュラム寄りなのか，あるいはど

表2－4　カリキュラムの6類型

名称	例
①教科カリキュラム	教科・科目が，相互に独立に組織，構成され，並列的に配置。藩校での「四書五経」等
②相関カリキュラム	類似の教科間の相関（地理と歴史等），やや異質の教科間の相関（国語と歴史等），教科と教科外課程との相関（数学と子どものクラブ活動）等
③融合カリキュラム	合科的な性格の「一般理科」や「生活科」等
④広（領）域カリキュラム	いくつかの大きな文化領域から構成（「人文科学」「社会科学」「自然科学」等）
⑤コア・カリキュラム	「コア」（中核）をもつカリキュラム コアとなるのは必修課程や諸教科・諸経験の統合的な課程
⑥経験カリキュラム	教育内容を子どもの生活経験，子どもの必要や要求に従って，できるだけ子どもとともに，その都度構成

出典）安彦（1990年）を基に作成

の程度経験カリキュラム寄りに位置づくのかによって②～④に配置されている。①～⑨のどのカリキュラムを採用するのかは，先にも述べた通り，どのような教育を実現していくのかに大きな影響を及ぼすものであり重要である。一方で，安彦（2006）は1970年代半ばより「教科カリキュラム」よりも「経験カリキュラム」の方が望ましい，あるいはある類型を絶対化する見方ではなくなってきたことを指摘している。そして，複数の類型の中から最適な組み合わせを考えることが望ましいという「複数の類型の組み合わせを求める考え方」として「ハイブリット・モデル」を提唱している。

この「ハイブリット・モデル」のカリキュラム構成法を考えるために参考になるものとして紹介されているのが，1974（昭和49）年に東京で開かれた文部省・OECD教育研究革新センター共催の「カリキュラム開発に関する国際セミナー」での「工学的アプローチ（工学的接近）」と「羅生門的アプローチ（羅生門的接近）」である（両者の違いについては**表2－5**，**表2－6**及び第4章参照)。両者については，どちらか一方を批判的に見る指摘もあるが，「ハイブリット・モデル」のカリキュラムを構成することが求められる現代においては，どの場面でどちらのアプローチを採用するのかを考える上で参考になるといえる。

例えば，評価において「目標に準拠した評価」（工学的アプローチ）を行うのか，「目標にとらわれない評価」（羅生門的アプローチ）を行うのかは教育の目的・目標や教科・領域，扱う内容（単元）によってどちらの方が適切なのか異なる場合があるだろう。それぞれの評価の内容については次節において解説するが，このような考え方を参考に，複数のカリキュラムを組み合わせて，その学校に合ったカリキュラムを編成することも考えられる。

特に，2017・2018（平成29・30）年版学習指導要領（以下，

表2－5　「工学的接近」と「羅生門的接近」の対比（1）

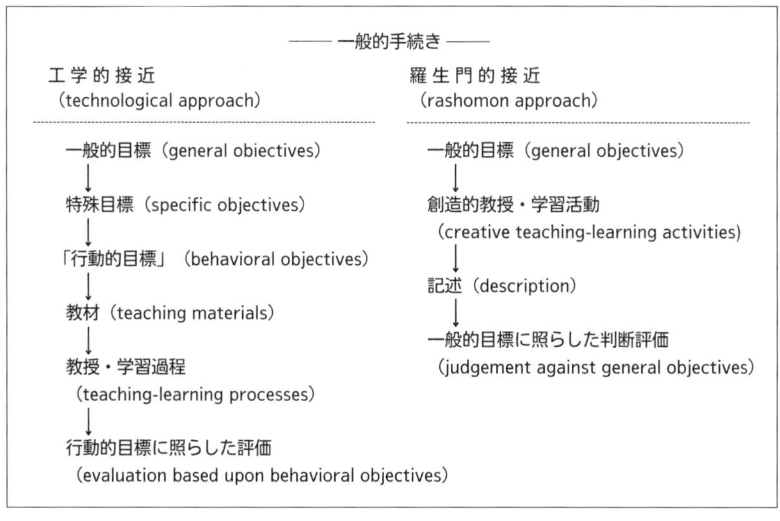

出典）文部省（1975年）より引用

表2－6 「工学的接近」と「羅生門的接近」の対比（2）

――評価と研究――

工学的接近	羅生門的接近
目標に準拠した評価 （goal-reference evaluation）	目標にとらわれない評価 （goal-free evaluation）
一般的な評価枠組 （general schema）	さまざまな視点 （various perspectives）
心理測定的テスト （psychometric tests）	常識的記述 （common sense description）
標本抽出法（sampling method）	事例法（case method）

出典）文部省（1975年）より引用

「平成29・30年版学習指導要領」とする）では「カリキュラム・マネジメント」が示されており（第10章），各学校が教科横断的に教育課程を編成するためのカリキュラム・マップを作成する動きもある。教育の目的・目標は何か，各教科・領域ではどのような内容を取り扱うのか，それらを踏まえてカリキュラムを編成するためにはカリキュラムの要素と類型，「ハイブリット・モデル」を理解しておく必要があるだろう。

第4節　カリキュラム評価

前節において，「目標に準拠した評価」や「目標にとらわれない評価」といった評価があることを紹介した。ここではこれら二つの評価がそれぞれどのようなものなのかを紹介し，またカリキュラムを評価する手法や課題について解説していく。先に述べたように，平成29・30年版学習指導要領では「カリキュラム・マネジメント」が示されており，教育課程を編成するとともに，各学校で教育課程の評価を行い，改善を図ることが求められている。

⑴ 「目標に準拠した評価」と「目標にとらわれない評価」

「目標に準拠した評価」とは，授業を行う前に予め設定した目標に対し，子どもたちがどの程度到達できたかを評価する方法である。学力試験や実技試験等で評価することができる。このように目標に照らして行う評価は，「絶対評価」や「到達度評価」とも称されており，学習指導要領にも取り入れられたことから日本においては根強い支持があるといえる。

目標と評価の関係は今や当たり前ともいえるが，教育活動の中で目標の重要性に着目したものに「タイラー原理」が挙げられる（タイラー 1978）。タイラーは行動科学の理論に基づき，①目標（objectives）の設定，②目標を達成するための教育的経験の選択，③教育的経験を効果的に組織すること，④目標が達成されているかどうかを評価することの４段階によって教育課程を編成する「タイラー原理」を提唱した。その後，教育の目標と評価の関係は，ブルームによる「教育目標の分類学（Taxonomy）」と「形成的評価」「完全習得学習（マスタリー・ラーニング）」の提唱や，ウィギンズとマクタイによる「逆向き設計」論の提唱等につながっていく*3。

一方の「目標にとらわれない評価」とは，「ゴール・フリー評価」ともいわれており，スクリヴァンによって提唱された*4。ニーズを多元的にとらえ，チェックリストを用いて評点やコメントを評価者がつけるもので，特に教員以外の関係者が第三者として評価を行うことの重要性を指摘している。「ゴール・フリー評価」は，当初設定された目標に結び付けて行う評価（目標に準拠した評価）では生じてしまうズレに着目し，理想の目標に対してどの程度到達しているのかではなく，実際に行ったカリキュラムの結果に対して様々な観点から数量化しにくい判断を評価しようとする試みといえる。

⑵　カリキュラム評価の手法と課題

以上のように，「目標に準拠した評価」と「目標にとらわれない評価」の二つを紹介してきた。各学校では教育課程実施後にこれらの評価を用いることによって，次年度に向けて改善すべき点は何か，改善するには何が必要なのか（必要となる人的又は物的な体制）を確認し，改善に向けた取り組みを行っていく必要がある。

この他に，カリキュラム評価を行う上で2000年代以降盛んになっている学力調査が挙げられる。学力調査の代表的なものとしては，文部科学省の実施する「全国学力・学習状況調査」，IEAのTIMSS調査やOECDのPISA調査が挙げられるが（これらの国際学力調査については第５章，第６章等），ここでは「全国学力・学習状況調査」のみ紹介しよう。

「全国学力・学習状況調査」は子どもたちの学力状況を把握することを目的として2007（平成19）年度から実施開始となった。小学６年生と中学３年生が調査対象となっており，おおむね毎年悉皆調査で国語と算数・数学の学力調査が行われている*5。「全国学力・学習状況調査」が行われるようになった背景として，「ゆとり教育」批判があり，PISA2003とPISA2006の調査結果において，読解力の得点と順位が下落したことにより「PISAショック」が起きたことに起因している。そのため，調査問題は知識を問う問題と活用を問う問題によって構成されている。

このような学力調査の結果が気になる人は多いだろう。その結果によって，現行の学習指導要領による教育が成功しているのかどうか，あるいは自分の住む地域や学校の学力がどの程度なのかを判断する材料になるからである。文部科学省では各都道府県・政令市別の調査結果を公表しているが，調査開始当初から各市町村や各学校単位での結果公表について慎重な姿勢を示している（文部科学省初等中等教育局長「全国学力・学習状況調査の調査結果の取り扱いについて（通知）」19文科初第616号平成19年8月23日）。一方で，静岡県知事が県内上位の小学校校長名を公表した事例*6や大阪市で調査結果を教員評価に利用しようとした事例*7があり，学力調査の結果をどのように扱うのかが課題となっている。

学力調査は，その調査の目標に照らして調査対象となる国や自治体，学校，子ども自身がどの程度の学力レベルにあるのかを見定め，今後の教育活動を改善するために役立つデータとなる。しかしながら，そのデータによって国ごとや自治体ごと，学校ごとの順位付けが行われたり，順位が示されることによってより高い順位に上がろうとする競争が起こったりする。

本来の学校教育（カリキュラム）がどのようにあるべきなのか，そのカリキュラムをどのような形で評価をすれば改善に結び付けることができるのか，評価する側やデータを利用する側は常にそのことを意識して評価をしたり，評価結果を活用していく必要がある。

おわりに

以上のように，本章ではカリキュラム編成の基本原理とカリキュラム評価について取り上げてきた。第１節において示したように，各学校のカリキュラムは国によって様々である。学習指導要領のような国全体のカリキュラム編成の方針（教育課程の基準）を定めている国もあれば，州ごとや学区ごと，学校ごとに異なるカリキュラム編成の方針を定めている国もある。国・地域が教育を通じてどのような国づくり・地域づくりをしていきたいのか，子どもたち（あるいは保護者たち）はどのような教育を受けたい（受けさせたい）と考えているのか，そしてそれを誰が決めることができるのか，その成果をどのようにして評価するのか，これらに対する考え方は多様である。

もっとも，他の章で取り上げられているように，近年は日本においても特別なニーズや不登校経験，外国にルーツをもつ児童・生徒等を対象に，様々な教育課程編成の特例が認められるようになってきている。本章で取り上げたカリキュラムの構成要素や類型，カリキュラム評価等を参考に，子どもたちがより良い教育を受けられるようにするにはどのような選択肢を選んだり，組み合わせたりする必要があるのかを考えることも必要だろう。各学校が取り組むことによって，これまで硬直的・画一的であるとも指摘されてきた日本の学校教育が多様で特色のあるものとなる可能性がある。

考えよう！

1 **表２－１と表２－２**の時間割について気が付いたことをノートに書き出してみよう。また，なぜその国ではそのような時間割になっているのか理由を考えてみたり，調べてみたりしよう。

2 第２節にあるように，学習指導要領にとらわれない，新しい学校の校長や教員の一人になりきって，どんなカリキュラムの学校が良いか考えてみよう。考えたアイディアをグループで共有してみよう。

〈註〉

＊１　Benesse教育研究開発センター「学習基本調査・国際６都市調査速報版［2006年～2007年］2007年９月14日」https://berd.benesse.jp/shotouchutou/research/detail1.php?id=3215（2023年９月１日最終アクセス）。

＊２　前掲Webページ参照。

＊３　ブルームに関してはブルームら（1973）やブルーム（1986）参照。ウィギンズとマクタイに関してはウィギンズ＝マクタイ（2012）参照。

＊４　Scriven（1972）より。なお，スクリヴァンの研究については根津（2006）に詳しい。

＊５　「全国学力・学習状況調査」の実施方法については2010，2012年度に抽出調査及び希望利用方式での実施，2013年度にきめ細かい調査での実施を行っており，教科については2012年度から理科を３年に１回，2019年度から英語を３年に１回実施している。年度によって調査の実施方法や教科が異なる場合がある。文部科学省HP「全国学力・学習状況調査の概要」https://www.mext.go.jp/a_menu/shotou/gakuryoku-chousa/zenkoku/1344101.htm（2023年９月15日最終アクセス）。

＊6　毎日新聞「全国学力テスト　静岡知事，上位86校の校長名公表　『責任の所在を明確化』」2013年9月21日東京朝刊，26面。
＊7　毎日新聞「全国学力テスト　結果で教員評価，大阪市断念　地方公務員法抵触恐れ」2019年1月30日，大阪朝刊，25面。

〈参考文献〉

・安彦忠彦「カリキュラムの類型」『新教育学大事典』第2巻，第一法規（1990年）55-57頁
・安彦忠彦『改訂版　教育課程編成論―学校は何を学ぶところか―』放送大学教育振興会（2006年）
・安彦忠彦「第1章　カリキュラムとは何か」日本カリキュラム学会編『現代カリキュラム研究の動向と展望』教育出版（2019年）2-9頁
・ウィギンズ，G.=マクタイ，J.／西岡加名恵訳『理解をもたらすカリキュラム設計－「逆向き設計」の理論と方法』日本標準（2012年）
・タイラー，R. W.／金子孫市監訳『現代カリキュラム研究の基礎－教育課程編成のための』日本教育経営協会（1978年）
・根津朋実『カリキュラム評価の方法―ゴール・フリー評価論の応用―』多賀出版（2006年）
・ブルーム，B. S=J. T. ヘスティングス=G. F. マドゥス／梶田叡一・渋谷憲一・藤田恵璽訳『教育評価法ハンドブック－教科学習の形成的評価と総括的評価』第一法規（1973年）
・ブルーム，B. S.／稲葉宏雄・大西匡哉監訳『すべての子どもにたしかな学力を』明治図書（1986年）
・ホプキンス，T.他著／勝田守一・白根孝之共訳『インテグレーション―カリキュラムの原理と實際―』櫻井書店（1950年）
・文部科学省『諸外国の教育動向2021年度版』明石書店（2022年）
・文部省『カリキュラム開発の課題　カリキュラム開発に関する国際セミナー報告書』（1975年）
・Scriven, M., “The Methodology of Evaluation” in Tayler, P. A. and Cowley, D. M., *Reading in Curriculum Evaluation,* Rnad McNally & Co.（1972年）39-83頁

第3章 教育課程の変遷(1)
―経験主義から系統主義へ

降旗　直子

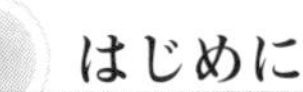

はじめに

本章では，戦後につくられた1947（昭和22）年版学習指導要領一般編（試案）（以下，「昭和22年版学習指導要領」）から1968・1969・1970（昭和43・44・45）年改訂までの学習指導要領を対象に，その内容および編成原理を社会背景とともに明らかにすることで，学習指導要領の社会的機能について考えることをねらいとする。

第1節　戦後教育改革下の学習指導要領

(1)　戦後の教育理念と教育課程の刷新

1947（昭和22）年に成立した教育基本法の前文では，日本国憲法で示された新しい国家理念，すなわち民主的文化国家の建設を通して世界平和に寄与するという理念に立ち，その理想を教育の力で実現すると宣言された。こうした「平和と民主主義」に象徴される教育理念のもと，これからの学習指導の在り方をより具体的に示したのが昭和22年版学習指導要領である。

昭和22年版学習指導要領では，その冒頭において戦前日本の教育に対する反省が示された。すなわち，戦前は中央集権的教育課程行政によって画一的な教育内容に陥ってしまったこと，またそれにより教員の立場を機械的なものにし，学校現場における創意・工夫の余地を与えなかったことが述べられている。

こうした戦前の反省に基づき，学校現場で直接児童・生徒の指導にあたる教員が，地域社会の特性や学校施設の実情，児童・生徒の特性に応じて教育の内容と方法について絶えず創意・工夫を凝らし，教員自身で研究していけるような手引きとして示されたのが「試案」としての学習指導要領である。この昭和22年版学習指導要領では，事実上，教育課程の編成権を教員の自主的な研鑽に委ね，それまでの中央集権的画一的教育課程の在り方を根本から刷新しようとした。

⑵　1947（昭和22）年版学習指導要領一般編（試案）の概要

昭和22年版学習指導要領において教育課程とは，「どの学年でどういう教科を課するかをきめ，また，その課する教科と教科内容との学年的な配当を系統づけたもの」とされる。さらに教育課程は社会の要求によって，また児童・生徒の生活から考えられるべきものであり，それぞれの学校ごとに地域社会の特性に即して定められるべきであるとされた。

しかしどのような教科を課すかということについては，教育の骨組みを成すものとして基準を設ける必要があるとし，昭和22年版学習指導要領では，小学校と中学校の教科およびその時間数がそれぞれ**表３－１**，**表３－２**[*1]のようにまとめられている。

まず小学校の教科は，国語，社会，算数，理科，音楽，図画工作，家庭，体育，自由研究の９教科となった。それまでとの変更点は，第一に，戦前の修身，公民，地理，歴史は廃止され，新たに社会科が設けられたことである。昭和22年版学習指導要領によれば，社会科は従来の修身，公民，地理，歴史を単に一括したものではなく，社会生活についての良識と生活とを養うことを目的に新設された。そしてこの社会科は，戦後最も注目された花形教科となった。第二に，小学５，６年生を対象に家庭科が設けられた。家庭科についてもそれまでの家事科とは異なり，男女平等の観点から男女ともに課

表3－1　昭和22年版学習指導要領における小学校の教科とその時間数

教科＼学年	1	2	3	4	5	6
国　語	175（5）	210（6）	210（6）	245（7）	210－245（6－7）	210－280（6－8）
社　会	140（4）	140（4）	175（5）	175（5）	175－210（5－6）	175－210（5－6）
算　数	105（3）	140（4）	140（4）	140－175（4－5）	140－175（4－5）	140－175（4－5）
理　科	70（2）	70（2）	70（2）	105（3）	105－140（3－4）	105－140（3－4）
音　楽	70（2）	70（2）	70（2）	70－105（2－3）	70－105（2－3）	70－105（2－3）
図画工作	105（3）	105（3）	105（3）	70－105（2－3）	70（2）	70（2）
家　庭					105（3）	105（3）
体　育	105（3）	105（3）	105（3）	105（3）	105（3）	105（3）
自由研究				70－140（2－4）	70－140（2－4）	70－140（2－4）
総時間	770（22）	840（24）	875（25）	980－1050（28－30）	1050－1190（30－34）	1050－1190（30－34）

出典）昭和22年版の学習指導要領一般編（試案）を基に作成

表3－2　昭和22年版学習指導要領における中学校の教科とその時間数

教科＼学年		7	8	9
必修科目	国　語	175（5）	175（5）	175（5）
	習　字	35（1）	35（1）	
	社　会	175（5）	140（4）	140（4）
	国　史		35（1）	70（2）
	数　学	140（4）	140（4）	140（4）
	理　科	140（4）	140（4）	140（4）
	音　楽	70（2）	70（2）	70（2）
	図画工作	70（2）	70（2）	70（2）
	体　育	105（3）	105（3）	105（3）
	職業（農業，商業，水産，工業，家庭）	140（4）	140（4）	140（4）
	必修科目計	1050（30）	1050（30）	1050（30）
選択科目	外国語	35－140（1－4）	35－140（1－4）	35－140（1－4）
	習　字			35（1）
	職　業	35－140（1－4）	35－140（1－4）	35－140（1－4）
	自由研究	35－140（1－4）	35－140（1－4）	35－140（1－4）
	選択科目計	35－140（1－4）	35－140（1－4）	35－140（1－4）
総計		1050－1190（30－34）	1050－1190（30－34）	1050－1190（30－34）

出典）昭和22年版の学習指導要領一般編（試案）を基に作成

されることとなった。第三に，小学４年生以上に自由研究の時間が新たに設けられた。その具体内容には，教科の発展としての自由な学習，クラブ活動，当番や学級委員の仕事などが挙げられた。

続いて戦後教育改革において義務教育として位置づけられた新制中学校の教科は，国語，習字，社会，国史，数学，理科，音楽，図画工作，体育，職業の10教科が必修科目となり，外国語，習字，職業，自由研究の４教科が選択科目となった。中学校の教科にも，小学校と同様に，社会科と自由研究が新設された。小学校では独立教科とされた家庭科は，職業科の中に含められた。職業科と習字は必修と選択の両方に設けられ，選択科目は週４時間を上限に自由な組み合わせで選択可能となった。これは，中学校を卒業すると同時に就職する生徒が多かったという当時の事情を反映しており，必修科目に加えて選択科目の時間でも職業人としての技術や教養を学ぶことができる科目設定であった。

高等学校の学習指導要領については，その実施が1948（昭和23）年度からとなっていたため，昭和22年版学習指導要領においては省略された。ただし，それまでの中等学校の生徒の内，新制高等学校の第１～３学年に相当する学年の生徒は，それぞれの学年の教科を学ぶことになるので，1947（昭和22）年４月７日付の各地方長官宛の通達「新制高等学校の教科課程に関する件」においてその概略が示された。その後，1948（昭和23）年１月27日には「高等学校設置基準」が制定された。そこで高等学校は，「普通教育を主とする普通科」と「専門教育を主とする学科」に分類され，専門教育を主とする学科には，農業，水産，工業，商業，家庭，厚生，商船，外国語，美術，音楽の10学科が設定された。

(3)　1951（昭和26）年版学習指導要領一般編（試案）の概要

戦後はじめての学習指導要領の改訂は，1951（昭和26）年になされた。しかし昭和22年版学習指導要領と根本的な考え方は変わらず，1951（昭和26）年版学習指導要領一般編（試案）（以下，「昭和26年版学習指導要領」）も「試案」として出された。変わったのはその内容構成である。

まず小学校の教育課程では，それまでの9教科を4つの大きな経験領域に分けた。4領域とは，国語・算数を含む「主として学習の技能を発達させるに必要な教科」，社会科・理科を含む「主として社会や自然についての問題解決の経験を発達させる教科」，音楽・図画工作・家庭科を含む「主として創造的表現活動を発達させる教科」，体育にあたる「主として健康の保持増進を助ける教科」である。

さらに，それまでの自由研究が廃止され，新たに教科以外の活動の時間が設けられた。その具体内容としては，児童会，委員会活動，クラブ活動，学級会，児童集会，奉仕活動などが挙げられる。昭和26年版学習指導要領では，「これらは教育的に価値があり，こどもの社会的，情緒的，知的，身体的発達に寄与するものであるから，教育課程のうちに正当な位置をもつべきである」と明記された。

続いて中学校の教育課程では，教科構成の整理がなされた。必修科目は国語，社会，数学，理科，音楽，図画工作，保健体育，職業・家庭の8教科となり，それまでの習字は国語の中に，国史は社会科の中に含められた。選択科目は外国語，職業・家庭，その他の教科の3教科となった。その他の教科とは，外国語と職業・家庭を除く全ての教科と，生徒の必要に応じて各学校で教科として課すことが適当と考えられるものとの両方を含むものとされた。

さらに中学校の教育課程においてもそれまでの自由研究は廃止され，新たに特別教育活動が設けられた。特別教育活動の領域は，主要なものとして，ホームルーム，生徒会，クラブ活動，生徒集会が挙げられた。これらの活動は，小学校の教育課程に設けられた教科以外の活動と同様に，正規の教育活動として位置づけられた。

高等学校の教育課程については，「青年後期の発達段階に応じて，教科をさらに多くの科目に分け，それが自由に選択できるようになっている」が，昭和26年版学習指導要領では，「学校種別や普通課程，職業課程の別を問わず，すべての生徒は必ず履修しなければならない」教科として，「青年に共通に必要とされる最低限度の教養」が設けられた。具体的には，国語９単位，一般社会５単位，保健体育９単位，一般社会以外の社会科１科目５単位，数学１科目５単位，理科１科目５単位の計38単位がそれに当たる。

また普通科の教育課程の特徴として，第一に，選択科目の幅が70～210時間に拡大したこと，第二に，それまで実業科の１科目であった家庭科が独立し，その内容もより充実したものになったこと，第三に，「教科の学習に重点をおき過ぎるあまり，特別教育活動が軽視されることのないように注意しなければならない」として，週当たりの特別教育活動時間の目安が明示されたことが挙げられる。

⑷　経験主義

ここまで見てきたように，戦後教育改革下の学習指導要領では，児童・生徒の生活から教育課程を教員自らが創意・工夫を凝らしながら組み立てていくことが重視された。このような児童・生徒が生活する中で出会う問題および児童・生徒の興味・関心に基づいて学習を展開するという考え方を経験主義という。こうした考え方に基づいて編成されたのが，昭和22年版学習指導要領と昭和26年版学習指導要領であった。

第２節　高度経済成長下の学習指導要領

⑴　学習指導要領の性格の変化―「試案」から「告示」へ

1950（昭和25）年に朝鮮戦争が勃発したことを機に，旧ソビエト連邦を主軸とする東側諸国とアメリカ合衆国を中心とした西側諸国の東西対立は激化していった。日本では，1951（昭和26）年のサンフランシスコ講和条約によって連合国による占領政策が終了したことで，再軍備に向かうか否かが議論となった。

一方の教育界では，戦後教育による児童・生徒の基礎学力低下を批判する声が上がった。例えば，戦後の経験主義教育は「はいまわる経験主義」であるとして，問題解決の必要に応じて事実や知識が選択されるとすれば，断片的な経験に断片的な知識をかぶせたものになると批判された（矢川1950）。そうした中，他の先進資本主義諸国と同様に，日本も高度経済成長に突入し，徐々に科学技術の向上が叫ばれ出す。こうした時代背景の下，学習指導要領は講和後初の全面改訂を迎えることとなった。

戦後教育改革においては，地方分権の観点から学習指導要領の編成権は都道府県教育委員会にあるのが本来の在り方であるとされ，その準備が整うまでは文部省が代行するというかたちがとられていた。しかし1952（昭和27）年の文部省設置法の改正により，文部省にのみその権限があるとされた。

これ以降，それまで「試案」として出されていた学習指導要領は，文部大臣が「告示」する形式へと転換し，法的拘束力をもつ国家基準であるとされるようになった。こうした学習指導要領の「試案」から「告示」への変化は，1950年代以降の国による教育統制と，それに対抗する教育運動との対立を象徴するものとなっていった。

⑵　1958・1960（昭和33・35）年版学習指導要領の概要

1958（昭和33）年版学習指導要領（以下，各年版を「昭和○年版学習指導要領」とする）における大きな変更点は，第一に，小学校の教育課程において基礎学力の向上が目指されたことである。特にそれは，小学校低学年の国語と高学年の算数での時間数の増加に表れていた。

第二に，小学校，中学校ともに，道徳教育の徹底が図られた。教育課程も，教科（中学校は必修教科と選択教科），道徳，特別教育活動，学校行事等の４領域に再編され，道徳の時間が教育課程の一領域に特設された。昭和33年版学習指導要領の総則によれば,「学校における道徳教育は，本来，学校の教育活動全体を通じて行うことを基本とする。したがって，道徳の時間はもちろん，各教科，特別教育活動および学校行事等学校教育のあらゆる機会に，道徳性を高める指導が行われなければならない」。道徳は，各教科，特別教育活動および学校行事等における道徳教育と密接な関連を保ちながら，そこでの道徳教育を補充し，深化し，統合し，児童・生徒の道徳性を養うために，あえてその時間を特設したと説明されている。

第三に，中学校の教育課程では，それまで必修科目としてあった職業科に代わって技術・家庭科が新設された。また選択科目の教科数も９教科に拡大した。これにより生徒の進路・特性に応じた選択が可能になり，進学コースと就職コースが実態として存在した。

高等学校の学習指導要領については，1960（昭和35）年に改訂がなされ，教育課程は教科，特別教育活動，学校行事等の３領域によって編成された。高等学校の教育課程においても，基礎学力向上策として現代国語が新設され，外国語とともに「すべての生徒に修得させる教科・科目」として位置づけられた。また高等学校においても道徳教育の強化策として倫理・社会が必修科目として新設された。

さらに当時，高等学校生徒の60%が在籍していた普通科においては，能力・適正・進路に応じた教育課程がＡ類型・Ｂ類型といったかたちで提案され，教科内の科目が細分化された。Ａ類型は一般的な内容で，Ｂ類型はやや学術的な内容となっている。例えば，理科は物理Ａ・Ｂ，化学Ａ・Ｂ，生物，地学と細分化され，この内２科目が必修となった。

⑶　系統主義

こうした昭和33・35年版学習指導要領は，共通してそれぞれの学問体系に基づいて教育課程が組み立てられており，基本的な原理・原則の習得が目指されている。ここには，教科を構成している学問の原理・原則，あるいは基本的な内容を児童・生徒にしっかり身につけさせることを目指し，教育内容の系統性を重視するという，系統主義に基づく編成原理への転換がある。

第3節　科学技術の発展と教育課程の能力主義的再編

⑴　教育内容の現代化

1950年代後半になると，日本は戦後の復興をある程度成し遂げ，「もはや戦後ではない」という言葉が流行語になった。それと同時に，人々の期待は経済発展に集中し，その結果，教育界に対する経済界の発言力が増していった。

1957（昭和32）年には，当時のソビエト連邦が人類初の人工衛星スプートニクの打ち上げに成功したことで，アメリカをはじめとする西側諸国に衝撃が走った（スプートニクショック）。

こうして1950年代から1960年代にかけて，世界的に教育内容の現代化運動が展開されていった。これは，急速に高度化する現代の科学技術の成果を反映させるかたちで教育内容を再構造化しようとする運動である。こうした動きに連動し，日本でも産業界から科学技術の向上を担うハイタレントの育成に向けた理数系科目の強化要請が出されるようになっていく。

1960年代に入ると，高度経済成長真っただ中の日本では，内閣総理大臣の諮問機関であった経済審議会の人材開発要求により，教育現場における能力主義の徹底が図られていく。こうして日本は高度経済成長の波に乗り，大企業を中心とする企業社会が形成されていき，より高い学歴を求める風潮の中，受験競争が激化していった。

(2)　1968（昭和43）年版小学校学習指導要領の概要

昭和43年版小学校学習指導要領においては，科学技術の急速な進歩に対応するため，教育内容を増やし，理数系科目を中心により高度で抽象的な思考が求められる内容に変更された。例えば小学校の算数には，それまで中学校の内容であった関数や負の数，高等学校の内容であった集合や確立を導入することで，数学的な考え方の育成を図った。

一方，それまでの教科，道徳，特別教育活動，学校行事等の４領域の内，学校行事等が特別教育活動に含められ，高等学校と同様に３領域に再編された。昭和43年版小学校学習指導要領においては，「心身の調和的発達」ということが基本課題とされ，特別教育活動には一層重要な位置づけが与えられた。またその「総則」においても「心身の調和的発達」に向け，道徳教育と体育の意義が強調された。ここには高度経済成長を背景としてより高い学歴を求める風潮の中，次第に受験競争が激化していき，その結果，児童・生徒に人間的ゆがみが生じたとして，それを是正するねらいがあった。

(3)　1969（昭和44）年版中学校学習指導要領の概要

中学校の教育課程も，小学校と同様に，教科（必修教科・選択教科），道徳，特別教育活動の３領域に再編され，選択教科から数学と音楽，美術が削除された。注目されるのは時間数で，国語，数学，美術がそれぞれ35時間増，保健体育は60時間増，特別教育活動は45時間増となり，３年間で210時間増となった。特に特別活動と保健体育の時間増は，小学校と同様に「心身の調和的発達」を目指してその意義が強調された。

大幅な時間数の増加とともに，中学校の教育内容も小学校と同様に現代化が図られた。例えば理科は，第１分野「物質に関する事物・現象」と第２分野「生物と自然の事物・現象」に分けられ，基本的な科学概念を核とした科学的手法の習得が重視された。

また「総則」においては，学業不振児に対する配慮として，「学校において特に必要がある場合には，学業不振のため通常の教育課程による学習が困難な生徒について，各教科の目標の趣旨をそこなわない範囲内で，各教科の各学年または各分野の目標および内容に関する事項の一部を欠くことができる」という旨の規定が設けられた。これにより，生徒に対する能力別指導が事実上可能になった。

⑷ 1970（昭和45）年版高等学校学習指導要領の概要

高等学校の教育課程は，「各教科に属する科目」と「各教科以外の教育活動」の２領域に再編され，それまでの特別教育活動と学校行事等は後者に含められた。

昭和45年版高等学校学習指導要領では，卒業後に就職する生徒のために「数学一般」といった科目が新設されたように，従来の職業科に限らず，普通科も含めて多種多様な科目設定がなされた。その背景には高校進学率の急上昇があり，1960（昭和35）年には60%だった進学率は，1973（昭和48）年には90%に達した。こうして高等学校への進学が大衆化する時代を迎え，生徒の個性・能力・特性に応じて教育課程も多様化していった。

一方，1966（昭和41）年に中央教育審議会が「後期中等教育の拡充整備について」という答申を出す中で，「期待される人間像」についても言及し，日本人として持つべき資質や日本国民として持つべき「正しい愛国心」が強調された。それを受けて高等学校の教育課程においても，主に社会科の科目において「国民としての自覚を高める」などの目標が掲げられた。

またすべての学校段階の学習指導要領において，国民の祝日などにおいて儀式を行う際には，児童・生徒にその意義を理解させ，国旗を掲揚し，「君が代」を斉唱させることが望ましいとする規定が設けられた。そしてこれ以降，改訂が行われるごとにその規定が強調され，義務化が進められていった。

おわりに

こうして本章で見てきた各学習指導要領の内容は，それぞれの時代状況を反映していると同時に，編成原理としては経験主義から系統主義へ，あるいは生活を重視する思想から科学を重視する思想へと転換していったことがわかる。

さらに高度経済成長とともに産業構造が大きく変わる中で，「平和と民主主義」に象徴される戦後日本の教育理念は抽象化せざるをえなかった。その一方で，進学や就職準備といった教育要求が社会の中でよりリアリティを持ち始めるようになっていった。このような状況に並行して教育課程の能力主義的再編も推し進められていったといえる。

こうした当時の社会状況に照らし合わせてみると，学習指導要領の「試案」から「告示」への変化に見られる国家基準性と法的拘束性は，熾烈な受験競争すなわち知識獲得競争を教育課程の面から下支えする装置として機能したといえる。つまり学習指導要領の基準性と拘束性は，入試で問われるべき知識を段階的に配列し，その正当性を公的に担保する役割を担った。そしてより多くの知識を獲得するよう競わせることで，学校教育を通じてより有能とされる労働力が社会に供給され，企業社会が形成されていくこととなった。

考えよう！

1　学習指導要領の法的拘束力をめぐって展開されてきた学説上の対立とはどのようなものだったか調べて，考えてみよう。

2　現代においても学習指導要領の法的拘束力を背景とした様々な教育問題が起こっているが，具体的にどのような教育問題があるのか調べて，考えてみよう。

〈註〉

＊1　ここでの時間数とは，１年間最低35週の指導を要求するものとしての標準総時間数である。また丸括弧内は１週間の平均時間数である。時間数に弾力性を持たせてある教科については，学校が置かれる地域の実情や児童・生徒の要求によって，最高限度まで指導時間を増やすことができた。

〈参考文献〉

・デューイ，ジョン．〔上野正道訳者代表〕『学校と社会，ほか』（デューイ著作集６教育１）東京大学出版会（2019年）
・ブルーナー，J.S.〔鈴木祥蔵・佐藤三郎訳〕『教育の過程』（新装版）岩波書店（1986年）
・矢川徳光『新教育への批判』刀江書院（1950年）

第4章 教育課程の変遷(2)
―「ゆとり」と新学力観

江口　和美

はじめに

本章のねらいは，高度経済成長期以降，日本が経済的，物質的に豊かになり，学校での諸問題が表出した昭和50年代から平成のはじめにかけての教育課程の変遷を理解することである。

第1節では，「ゆとりのある充実した学校生活」を目指し，教育内容を見直した1977・1978（昭和52・53）年版学習指導要領（以下，昭和52・53年版学習指導要領）を整理する。続く第2節では，のちに「新学力観」と呼ばれるようになった新しい学力「自己教育力」が登場した1989（平成元）年版学習指導要領（以下，平成元年版学習指導要領）に着目する。

第1節　1977・1978（昭和52・53）年版学習指導要領

(1)　時代背景と改訂に至る経緯

1968（昭和43）年改訂以降，1977・1978（昭和52・53）年改訂までの学校や社会の状況を概観してみる。

1954（昭和29）年から1973（昭和48）年の19年間はいわゆる高度経済成長期である。昭和40年代半ばには「一億総中流」といわれ，皆が豊かになった時代でもある。豊かになるにつれ，子どもにより良い教育を，より良い学校への進学をと教育熱が高まった。

次頁の**表4－1**でみるように高校進学率は1968（昭和43）年

表4－1　昭和33・43・53年度末の進学状況

	昭和33年度末	昭和43年度末	昭和53年度末
高校進学率	50.60%	73.40%	92.20%
高等教育進学率	15.80%	22.20%	32.20%
過年度進学希望者数	—	175,719人	208,679人

出典）各年度版学校基本調査より作成，進学率は就職進学者を除く

改訂以降の10年間で約19ポイント増，高等教育進学率も10ポイント増加した。昭和40年代後半からは「高学歴社会の到来」「進学競争」「偏差値信仰」等の語句が新聞の見出しを賑わせ，受験競争の激化と浪人生の増加が社会問題となった。

受験競争に対応するため，学校での学習内容は増加・高度化し，「知識偏重」「詰め込み主義」等と評された。このような中，中学生の「暴力・非行」事件，「登校拒否（長期欠席）」の増加，中学生の半数から2／3が授業についていけない「落ちこぼれ」問題等，学校が抱える諸問題が表出した。

以上のような状況の中で改訂された昭和52・53年版学習指導要領に大きな影響を与えたものは二つある（水原2018）。一つは，1974（昭和49）年に東京で開かれた文部省・OECD教育研究革新センター共催の「カリキュラム開発に関する国際セミナー」である。ここでは，従前のカリキュラム開発を教育内容の高度化と効率的な教材等の改善を目指した「工学的アプローチ」と評し，教材，教師と子どもの出会いを重視し，教授学習活動の創造性と即興性を重んじる「羅生門的アプローチ」が望ましいと提案された。もう一つは，当時米国で盛んであった人間性を重視する学校教育への模索である。当時流行したイリッチの『脱学校の社会』は，人を幸せにするはずの学校で，パッケージ化した教育内容が人間性を抑圧しているとした。また，ベストセラーになったシルバーマンの『教室の危機』は，学校教育が機械的で子どもにとって強制されるものとなっており，いかに人間的なものでないかを指摘した。このような中

で，米国では学校教育における「人間化」「人間性の回復」を目指し，教員たちが運動を展開するようになったとされる。

その後，1976（昭和51）年12月に文部省教育課程審議会が「小学校，中学校及び高等学校の教育課程の基準について」を答申した。この答申では学習指導要領改訂のねらいとして「人間性豊かな児童生徒を育てること」「ゆとりのあるしかも充実した学校生活が送れるようにすること」「国民として必要とされる基礎的・基本的な内容を重視するとともに児童生徒の個性や能力に応じた教育が行われるようにすること」の三つを掲げた。

この答申を受け，小学校と中学校の新学習指導要領が1977（昭和52）年，高等学校学習指導要領が1978（昭和53）年に告示*1された。それまでの教育の現代化路線から転換し，「ゆとりある充実した学校生活」を目指した初めての学習指導要領の登場であった。

⑵　小学校学習指導要領改訂のポイント

改訂の大きなポイントは二つある。まず，第一に学習指導要領の「大綱化」である。1968（昭和43）年版学習指導要領では各教科の目標下に細かく目標達成の手段が示されていたが，昭和52年版では削除された。つまり，学習指導要領で細かく示さず，学校の創意工夫で取り組むようにされたのである。そのため総則でも学校の「創意」「工夫」等の語句が登場している。

第二に，授業時数の削減と特別活動の時間がおかれたことである。**表４－２**は小学校学習指導要領の昭和52年版と昭和43年版の標準授業時数を比較したものである。６年間の総授業時数は36時間減，教科の授業時数は第４学年で70時間減，第５・６学年で各140時間減とされた。このため教育内容も一部は中学校へ移された。

特別活動の時間増加分は「クラブ活動」「学級会」等の授業とされ，学習指導要領に縛られず学校単位で創意工夫した教育活動を行う時間に充てるように要請された。各学校では「ゆとりの時間」

表4－2　昭和52年版小学校の標準授業時数と増減

区　分		第1学年	第2学年	第3学年	第4学年	第5学年	第6学年
各教科	国　語	272(+34)	280(−35)	280(±0)	280(±0)	210(−35)	210(−35)
	社　会	68(±0)	70(±0)	105(±0)	105(−35)	105(−35)	105(−35)
	算　数	136(+34)	175(+35)	175(±0)	175(−35)	175(−35)	175(−35)
	理　科	68(±0)	70(±0)	105(±0)	105(±0)	105(−35)	105(−35)
	音　楽	68(−34)	70(±0)	70(±0)	70(±0)	70(±0)	70(±0)
	図画工作	68(−34)	70(±0)	70(±0)	70(±0)	70(±0)	70(±0)
	家　庭	—	—	—	—	70(±0)	70(±0)
	体　育	102(±0)	105(±0)	105(±0)	105(±0)	105(±0)	105(±0)
道　　徳		34(±0)	35(±0)	35(±0)	35(±0)	35(±0)	35(±0)
特別活動		34(+34)	35(+35)	35(+35)	70(+70)	70(+70)	70(+70)
総授業時数		850(+34)	910(+35)	980(+35)	1,015(±0)	1,015(−70)	1,015(−70)

出典）昭和52年版・昭和43年版の小学校学習指導要領を基に作成

「創意工夫の時間」等として取組が進み，「ゆとりある充実した学校生活」の実現が目指されたのである。

加えて，小学校，中学校，高等学校の学習指導要領とも，国民の祝日等の儀式等を行う場合には「国旗を掲揚し，国歌を齊唱させることが望ましい」とされた。戦後，公式な文書で「君が代」ではなく「国歌」と記載されたのは初めてのことであった。

⑶　中学校学習指導要領改訂のポイント

中学校学習指導要領も小学校同様「大綱化」され，総則に学校の「創意」「工夫」等への言及がみられる。**表4－3**でみると総授業時数は削減され，教科等では音楽，美術と道徳のみが削減無し，特別活動の時間は増加した。

小学校以上に必修教科の時間が削減されたため，教育内容も大きく見直された。特に「教育の現代化」の流れで教育内容が増加し，難化していた理系科目の見直しは大きく，一部は高校の教育内容へ移された。

表4－3をみて，「英語」がないと気づいたかもしれない。この当時「英語」は必修ではなく選択教科「外国語」の選択肢の一つと

いう位置づけであった。中学校の学習指導要領において「外国語」が必修教科とされたのは，1998（平成10）年の改訂である。

表４−３　昭和52年版中学校の標準授業時数と増減

区　分		第１学年	第２学年	第３学年
必修教科	国　語	175(±0)	140(−35)	140(−35)
	社　会	140(±0)	140(±0)	105(−70)
	数　学	105(−35)	140(±0)	140(±0)
	理　科	105(−35)	105(−35)	140(±0)
	音　楽	70(±0)	70(±0)	35(±0)
	美　術	70(±0)	70(±0)	35(±0)
	保健体育	105(−20)	105(−20)	105(−20)
	技術家庭	70(−35)	70(−35)	105(±0)
道　徳		35(±0)	35(±0)	35(±0)
特別活動		70(+20)	70(+20)	70(+20)
選択教科		105(−35)	105(−35)	140(±0)
総授業時数		1,050(−140)	1,050(−140)	1,050(−105)

出典）昭和52年版・昭和44年版の中学校学習指導要領を基に作成

⑷　高等学校学習指導要領改訂のポイント

高等学校学習指導要領も他の校種と基本的に同じ方針で改訂されている。学習指導要領は「大綱化」され，授業時間は削減され，卒業に必要な単位数は85単位から80単位とされた。加えて，教育内容における中学校教育との関連性が重視された。

ただ，高等学校のみにみられるポイントが三つある。第一に，必修科目等の「弾力化」である。総則において「教科・科目の特質及び生徒の実態からみて，著しく履修が困難であると認められる場合」に「単位数の一部を減ずる」ことや，「教科及び科目の目標の趣旨を損なわない範囲内で」教育内容を「基礎的・基本的事項に重点を置き適切に選択して指導」することができるとされた。また，逆に「生徒の実態等を考慮し，特に必要がある場合には，標準単位数の標準の限度を超えて単位数を増加して配当することができる」ともされた。これにより，目標の趣旨を変えない限り，生徒の能力や適性等の実態に応じた教育内容の実施が可能となった。

第二に，選択教科・科目を中心とする方針である。総則でも「生徒の能力・適性・進路・興味・関心等に応じてそれぞれ適切な教育を施すため」「教育課程の類型を設け」「選択して履修させることは差し支えない」とした。このことで文系・理系・就職系等のコース選択が進められることとなった。

第三は，普通科で将来の職業とのつながりを視野に入れた点である。「普通科においては，地域や学校の実態，生徒の進路・適性や興味・関心等を考慮し」「適切な職業に関する各教科・科目の履修について配慮する」こととされた。また，「勤労にかかわる体験的な学習の機会の拡充」も留意事項としてあげられた。

第2節　1989（平成元）年版学習指導要領

⑴　時代背景と改訂に至る経緯

前回の改訂以降，日本経済は安定成長期にあり，国民生活は物質的にさらに豊かになった。学校においては1977・1978（昭和52・53）年の改訂で「ゆとりある充実した学校生活」の実現が目指された結果，「詰め込み主義」からの脱却により，「暴力・非行」「登校拒否（長期欠席）」「落ちこぼれ」等諸問題の改善が期待された。しかし，実際には1983（昭和58）年３月に1,225校*2の中学校卒業式に警察官が立ち入り警戒（警察庁発表）をするなど「暴力・非行」の問題はピークを迎えた。その後「校内暴力」沈静化に伴い「いじめ」問題が注目を集めるようになった。

このような状況を憂慮し，中曽根首相（当時）は1984（昭和59）年に政府全体で戦後教育を総決算し，これからの教育の在り方を検討するために，当時の総理府（現内閣府）に臨時教育審議会（以下，臨教審）を設置した。臨教審は1987（昭和62）年の最終答申で，教育改革に向けた三つの視点を示した。第一は，「個性重視の原則」である。「画一性，硬直性，閉鎖性を打破し」「個人の尊厳，個性の尊重，自由，自律，自己責任の原則」，すなわち「個性重視の原則」を掲げた。第二は，「生涯学習体系への移行」である。

「学校中心の考え方を改め」「教育体系の総合的再編成を図っていかなければならない」とした。さらに「人間の評価が形式的な学歴に偏っている状況を改め」，これからの学習は「学校教育の基盤の上に各人の責任において自由に選択し，生涯を通じて行われる」べきとした。第三は，「国際化並びに情報化への対応」である。

同年12月の教育課程審議会答申「幼稚園，小学校，中学校及び高等学校の教育課程の基準の改善について」（以下，昭和62年答申）では，教育課程改訂の留意事項として以下が示されている。「豊かな心をもち，たくましく生きる人間の育成」「自ら学ぶ意欲と社会の変化に主体的に対応できる能力の育成」「国民として必要とされる基礎的・基本的な内容を重視し，個性を生かす教育の充実」「国際理解を深め，我が国の文化と伝統を尊重する態度の育成」の四点である。

特に二つ目の「自ら学ぶ意欲と社会の変化に主体的に対応できる能力の育成」はのちに「新学力観」といわれ，1989（平成元）年改訂の中核とされた。「新学力観」とは，生涯にわたる学習の基礎を培う観点から，主体的に目標を立て意欲をもって学ぶ力，知識の暗記等ではない新しい学力「自己教育力」を指すものである。言い換えれば，「知識・理解・技能の習得以上に，児童・生徒の関心・意欲・態度を重視し，思考力・判断力・表現力に裏づけられた自己教育力を獲得する学力観」（水原2018）である。

この昭和62年答申を受け，1989（平成元）年３月に小学校・中学校・高等学校の平成元年版学習指導要領が告示*3された。平成元年版学習指導要領は総則で「個性を生かす教育の充実に努めなければならない」とされた。また，教科指導にあたっては「体験的な活動」の重視，児童・生徒の興味・関心を生かした「自主的，自発的な学習」の促進があげられた。

また総則に「海外から帰国した」児童・生徒への配慮も盛り込まれた。

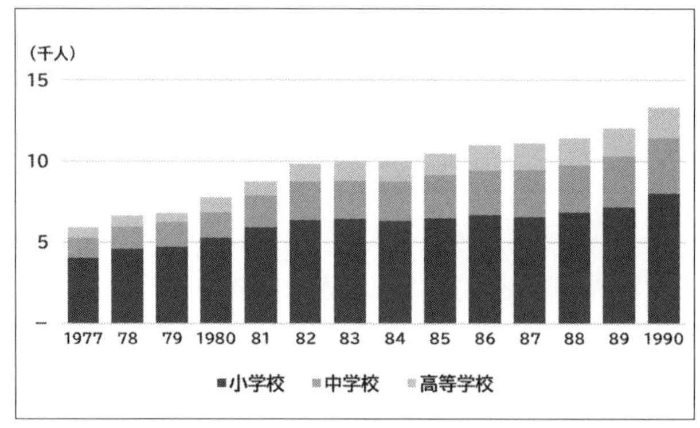

出典）各年度版学校基本調査より作成

図４－１　帰国児童・生徒数の推移1977～1990年

その背景には，帰国児童・生徒数の増加がある。**図４－１**でみるように，1977・1978（昭和52・53）年の学習指導要領改訂から次の1989（平成元）年改訂まで，帰国児童・生徒数は年々増加している。1977（昭和52）年は小学校4,018人，中学校1,230人，高等学校652人で合計5,900人であった帰国児童・生徒は，1989（平成元）年には小学校7,147人，中学校3,164人，高等学校1,721人で合計12,032人となり，約10年で倍増し，対応の必要性が高まったのである。

⑵　小学校学習指導要領改訂のポイント

前回の「ゆとりある充実した学校生活」を目指す路線と総授業時数の設定は変更がなかった。しかし，他に大きな変更が二つある。

第一に，第１・２学年において，教科の社会科と理科を廃し，生活科を設置したことである。社会科と理科の時間は国語と生活科に充てられた。生活科は単なる社会科と理科の統合科目ではなく，「具体的な活動や体験」を通して，自らと「社会や自然とのかかわりに関心」をもち，「自分の生活について考えさせ」「生活上必要な習慣や技能」を身につける過程で「自立への基礎を養う」ことを目標にしていた。

第二に，「合科的な指導」の推進である。昭和62年答申で「低学年」では「児童の心身の発達状況を考慮して総合的な指導を行うことが望ましい」とし，「教科の特質に配慮しつつ合科的な指導を一層推進するのが適当」と説明している。

「合科的な指導」の必要性は，以下の理由から以前より議論されてきた。まず，教科で学ぶことが現実の生活で生きて働くものになっていないこと，低学年の児童は「活動と思考が未分化である」ため幼稚園教育要領や保育所保育指針の教育・保育内容から小学校の教科へのスムーズな移行が必要なこと，加えて，直接体験が不足していることである（伊藤2018）。

今回の改訂は，特に低学年で体験的な活動を取り入れ，教科という概念を超えて児童の興味・関心を重視し，調べ学習等の自主的・自発的な学習経験を積むことに重点がおかれた。これは「自己教育力」形成の基礎を低学年で培おうとしたものである。

加えて，小学校，中学校，高等学校の学習指導要領ともに，以前は国民の祝日等の儀式等を行う場合には「国旗を掲揚し，国歌を齊唱させることが望ましい」とされていたが，入学式や卒業式等においては「国旗を掲揚するとともに，国歌を斉唱するよう指導するものとする」とされた。これは昭和62年答申で「日本人としての自覚を養い国を愛する心」に加え「すべての国の国旗及び国歌に対し等しく敬意を表する態度」を育てる観点から，「国旗を掲揚し国歌を斉唱することを明確にする」との方針が示され，それに基づいたものであった。

(3)　中学校学習指導要領改訂のポイント

昭和62年答申では，「中学校段階は生徒の能力・適性，興味・関心等の多様化」が進むことから「個性を生かす教育の一層の充実」をはかり，多くの生徒が高等学校に進学することを踏まえ，「中学校教育を中等教育の前期としてとらえ直す視点」を重視することが掲げられた。「個性を生かす教育の一層の充実」のために，第２学年以降の選択科目が拡大された。具体的には，第２学年では

「外国語，その他特に必要な科目」に加え，「音楽，美術，保健体育及び技術・家庭」が選択教科とされた。第３学年では，「音楽，美術，保健体育及び技術・家庭，外国語，その他特に必要な科目」に「国語，社会科，数学，理科」が追加され，全教科が選択教科の対象となった。これを受け，学習指導要領で示される標準授業時数も幅をもたせた表記に改められた。

加えて「女子に対するあらゆる形態の差別の撤廃に関する条約」(略称：女子差別撤廃条約）を1985（昭和60）年に日本が批准したことを受け，中学校，高等学校の家庭科は女子のみでなく男女ともに必修となり，「男女共修化」された。

(4) 高等学校学習指導要領改訂のポイント

高等学校学習指導要領も小・中学校の学習指導要領と同日，告示された。改訂の方針は同様に個性重視のための選択履修の拡大，体験的な学習重視や国際化等への対応等であった。

高等学校学習指導要領は総則で，道徳教育に関して「自律の精神や社会連帯の精神及び義務を果たし責任を重んずる態度や人権を尊重し差別のないよりよい社会を実現しようとする態度を養う」ための指導に配慮しなければならないとした。学校で起こる問題への対処として道徳教育の重視等が打ち出されたのである。また，「勤労や奉仕にかかわる体験的な学習の指導」を適切に行うことや「望ましい勤労観，職業観の育成や奉仕の精神の涵養」もあげられた。

加えて，従来の社会科が，地理歴史（世界史・日本史・地理）と公民（現代社会・倫理・政治経済）の２科目に分けられた。そのうえで，国際化への対応として，世界史が必修科目になったことは大きな変更点であった。

おわりに

昭和40年代の学習指導要領改訂までは，米国等で起こった「教育内容の現代化」運動を受け，教育内容が増加，高度化した時期であった。日本においても社会が豊かになり，高等学校や高等教育への進学率が上がったのみではなく，高度経済成長で産業界が求めるような人材を育てることが学校に求められ，教育内容が増加，高度化の途を辿ったのは社会のニーズであったともいえる。

しかし，学習内容が多く，高度であったため，学校での限られた授業時間の中で効率よく取り組まなければならなかった。時間的な余裕がないため児童・生徒の興味・関心等は重視できず，学校生活に適応できない児童・生徒が増加する等，学校における問題が表面化した。このような問題の解決のために，昭和52・53年版学習指導要領では，米国で起こっていた学校教育における「人間性」重視の流れを受け「ゆとりある充実した学校生活」の実現が目指された。だが，学校における諸問題は解決せず，特に「校内における暴力」問題はさらに激化した。

その後，情報化，科学技術の進展等で国民生活がより豊かになり，価値観の多様化や国際化の進展等もあり，平成元年版学習指導要領では，生涯学習時代の到来も視野に入れた「新しい学力観」が示された。「新しい学力」は学校での教育内容をどれだけ理解し，記憶をしているかどうかが左右するような偏差値で示されるものではない。生涯を通じて新たな問題に直面したときに発揮されるような力である。例えば，自らの視点で問題点や関心を見出し，どのように調べ，考えれば良いのか等，主体的に自ら取り組む力，つまり，生涯を通して，自ら主体的に意欲をもち学ぶ力，「自己教育力」ともいえる力こそ養うべきとする考えである。

総じてみれば，この時期は，戦後の教育内容の増加・高度化の流れから転換し，知識偏重ではない教育課程への模索が始まった時期であるといえる。

考えよう！

1 教員免許取得を目指している学校種の教科内容等を昭和52・53年版学習指導要領と平成元年版学習指導要領で比較し，変更点を探してみよう（過去の学習指導要領は，国立教育政策研究所・教育研究情報データベース「学習指導要領の一覧」https://erid.nier.go.jp/guideline.html（2023年10月31日現在）から確認できます。）。

2 そのうえで，当時の社会情勢や学習指導要領全体の改訂方針などを参考に，変更された理由を考えてみよう。

〈註〉

＊1 小学校は1980（昭和55）年度，中学校は1981（昭和56）年度から全学年で一斉に実施，高等学校では1982（昭和57）年度から学年進行で実施。

＊2 朝日新聞「警察庁発表は1225校…文部省調べでは261校」1983（昭和58）年３月29日東京版朝刊。読売新聞「警官護衛なんと2125校 中・高の卒業式 おかげで暴力は３件」1983（昭和58）年３月28日夕刊。

＊3 小学校は1992（平成４）年度，中学校は1993（平成５）年度から全学年で一斉に実施，高等学校では1994（平成６）年度から学年進行で実施。

〈参考文献〉

・C.E.シルバーマン著，山本正訳『教室の危機：学校教育の全面的再検討（上）（下）』サイマル出版会（1973年）
・I.イリッチ著，東洋・小澤周三訳『脱学校の社会』東京創元社（1977年）
・伊藤実歩子「1989年版学習指導要領；『新しい学力観』と生活科」田中耕治編『よくわかる教育課程 第２版』ミネルヴァ書房（2018年）
・水原克敏・髙田文子・遠藤宏美・八木美保子『新訂 学習指導要領は国民形成の設計書：その能力観と人間像の歴史的変遷』東北大学出版会（2018年）

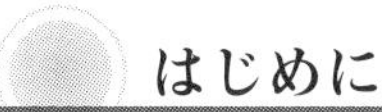

第5章 教育課程の変遷(3)——「生きる力」と「基準性」の明確化

村上　純一

はじめに

本章は，1990年代末から2000年代はじめを対象の時期とし，特に1998・1999（平成10・11）年版学習指導要領（以下，平成10・11年版学習指導要領）と2003（平成15）年の学習指導要領一部改正を中心に扱う。いわゆる「ゆとり教育」の代名詞ともいわれる平成10・11年版学習指導要領の要点と，そのカギとなる概念として掲げられている「生きる力」，2000年前後の学力低下をめぐる論争などについてみていくことにしたい。内容は大きく3節に分け，第1節では平成10・11年版学習指導要領，第2節では学力低下をめぐる論争，第3節では2003（平成15）年の学習指導要領一部改正について扱っていくこととする。

第1節　1998・1999（平成10・11）年版学習指導要領

1998（平成10）年12月14日に小学校・中学校の，1999（平成11）年3月29日に高等学校の改訂学習指導要領が告示された。この学習指導要領において特に注目すべき点として挙げられるのは，キーワードとして「生きる力」という言葉が掲げられたこと，小・中・高等学校に「総合的な学習の時間」が設けられたことである。また，この学習指導要領が実施されたのは2002（平成14）年度からということになるが，この年度は完全学校週5日制が実施された最初の年度であり，完全学校週5日制導入に伴う授業時数の減少もこの学習指導要領における注目すべき点のひとつとして挙げられる事項である。以下，まずキーワードとして掲げられた「生きる力」について確認したのち，「総合的な学習の時間」を中心に教科・領域に関する具体的な内容や授業時数の削減，このときの改訂の背景にある当時の教育政策の動向についてみていくことにしたい。

⑴ キーワードとしての「生きる力」

既述のとおり，このときキーワードとして掲げられた言葉が「生きる力」である。この「生きる力」という言葉はその後，2008・2009（平成20・21）年版学習指導要領そして2017・2018（平成29・30）年版学習指導要領においてもキーワードとして掲げられ続けているものであるが，平成10・11年版学習指導要領の総則では，「学校の教育活動を進めるに当たっては，各学校において，児童（生徒）に生きる力をはぐくむことを目指し，創意工夫を生かし特色ある教育活動を展開する中で，自ら学び自ら考える力の育成を図るとともに，基礎的・基本的な内容の確実な定着を図り，個性を生かす教育の充実に努めなければならない」ことが記されている。

この「生きる力」については，1996（平成8）年7月19日の中央教育審議会（以下「中教審」）答申「21世紀を展望した我が国の教育の在り方について（第一次答申）」に詳しい説明がある。そこでは，教育の在り方として「[ゆとり] の中で [生きる力] をはぐくむこと」を重視する旨が述べられており，[生きる力] については，重要な要素として「いかに社会が変化しようと，自分で課題を見つけ，自ら学び，自ら考え，主体的に判断し，行動し，よりよく問題を解決する資質や能力」，「自らを律しつつ，他人とともに協調し，他人を思いやる心や感動する心など，豊かな人間性」，「たくましく生きるための健康や体力」が挙げられている。

なお，先述の完全学校週5日制導入も，この「[ゆとり] の中で [生きる力] をはぐくむ」という目的の一環として行われたものである。1992（平成4）年9月から月に1回，1995（平成7）年4月からは月に2回，休みの土曜日を設けて段階的に進められてきた学校週5日制であるが，先述の1996（平成8）年中教審答申の中で「子供たちや社会全体に［ゆとり］を確保する中で，学校・家庭・地域社会が相互に連携しつつ，子供たちに［生きる力］をはぐくむ」ために完全学校週5日制が提言され，1998・1999（平成10・11）年の学習指導要領改訂を受けて，2002（平成14）年4月から完全学校週5日制が導入された。

(2)「総合的な学習の時間」

平成10・11年版学習指導要領において，「生きる力」と並ぶキーワードの一つとして挙げられるものに「横断的・総合的な学習」がある。そして，その中核を担う時間としてこのとき小・中・高等学校の授業に新たに設けられたものが「総合的な学習の時間」である。「総合的な学習の時間」は，小学校では3学年以上に設定された。

「総合的な学習の時間」を創設した目的について，1998（平成10）年7月29日の教育課程審議会答申「幼稚園，小学校，中学校，高等学校，盲学校，聾学校及び養護学校の教育課程の基準の改善について」では次のような説明がなされている。すなわち，「各学校が地域や学校の実態等に応じて創意工夫を生かして特色ある教育活動を展開できるような時間を確保すること」，「国際化や情報化をはじめ社会の変化に主体的に対応できる資質や能力を育成するために教科等の枠を超えた横断的・総合的な学習をより円滑に実施するための時間を確保すること」が挙げられている。そして，この「総合的な学習の時間」は，「自ら学び自ら考える力などの［生きる力］をはぐくむことを目指す」学習指導要領改訂において，「極めて重要な役割を担うもの」と考えられていることが同答申には記されている。なお，創設当時，「総合的な学習の時間」の内容の具体例としては，「国際理解」，「情報」，「環境」，「福祉・健康」の四つが示されている。

この他，教科・領域に関する事項としては，道徳の重視が謳われていることも注目に値する点である。小・中学校の学習指導要領総則の中で，道徳教育は道徳の時間を中心としつつも「学校の教育活動全体を通じて行うもの」であることが明記されており，具体的にはボランティア活動や自然体験活動などの豊かな体験を通した道徳性の育成が求められている。また，道徳の時間が設けられていない高等学校においても，道徳教育は「学校の教育活動全体を通じて行う」ものである，という内容が学習指導要領総則の中に記され，その重要性が述べられている。

その他，小学校低学年での合科的な指導の推進や，特に中・高等学校における教科等選択の拡大がみられることもこの平成10・11年版学習指導要領の特徴として挙げられる点である。

(3) 背景にある政策動向

ここまでみてきた1998・1999（平成10・11）年の学習指導要領改訂について，当時の教育政策の動向から２点，関連事項として指摘できる点に簡単に触れておくことにしたい。

１点目は，「総合的な学習の時間」の項でも触れた「各学校の創意工夫を生かした特色ある教育活動」について，当時進められつつあった地方分権改革との関連を指摘することができる。1998（平成10）年９月の中教審答申「今後の地方教育行政の在り方について」では，地方分権化を進める上での具体的な方策の一つとして「学校の自主性・自律性の確立」が謳われており，そのこととの関連がこのときの学習指導要領改訂にも見て取れることになる。

もう１点は，1999（平成11）年12月16日の中教審答申「初等中等教育と高等教育との接続の改善について」との関連である。時期としては学習指導要領の改訂が先行していることになるが，ほぼ同時期に学校段階間の円滑な接続に向けた議論が中教審において交わされていたことになる。道徳教育をはじめ，小・中・高等学校の一貫性を意識した教育課程の編成が随所で試みられていることには，こうした学校段階間の円滑な接続への意識の高まりも背景にあったことが指摘できる。

第２節　授業時数等の削減と「学力低下」をめぐる論争

平成10・11年版学習指導要領は，いわゆる「ゆとり教育」の代名詞ともされているものである。その理由としては，学習内容と授業時数の両面において，改訂前の1989（平成元）年版学習指導要領からは大きな削減が行われたことが挙げられる。

(1)　1998・1999（平成10・11）年版学習指導要領での内容・授業時数削減

まず，学習内容の削減についてみていく。内容面での削減については，特に算数／数学や理科での削減が注目された。具体的には，小学校の算数で「３桁×３桁」以上の整数の乗法や台形の面積の公式の扱いが削除され，円周率も「約３」として扱うこととされるなどの変化があった。また，理科の学習内容においても，(「自ら学び自ら考えるなどの［生きる力］をはぐくむ」ことを重視した裏返しともいえるが）中学校の「光と音」の単元でレンズの公式や，地震の学習における大森公式（初期微動継続時間から震源までの距離を求める公式）などの公式を扱わないこととするといった変化があった。

一方，授業時数については，次頁に示す表のとおり，小・中学校とも改訂に伴い標準授業時数の削減が行われている。**表５－１**は平成10年版学習指導要領における小学校の標準授業時数を示す表であり，学年ごとの各教科・科目の授業時数と，改訂前からの時数の増減があるものはその増減数を示している*[1]。どの学年において

表５－１　平成 10 年版学習指導要領での小学校の標準授業時数

	第１学年		第２学年		第３学年		第４学年		第５学年		第６学年	
国語	272	−34	280	−35	235	−45	235	−45	180	−30	175	−35
社会					70	−35	85	−20	90	−15	100	−5
算数	114	−22	155	−20	150	−25	150	−25	150	−25	150	−25
理科					70	−35	90	−15	95	−10	95	−10
生活	102		105									
音楽	68		70		60	−10	60	−10	50	−20	50	−20
図画工作	68		70		60	−10	60	−10	50	−20	50	−20
家庭									60	−10	55	−15
体育	90	−12	90	−15	90	−15	90	−15	90	−15	90	−15
道徳	34		35		35		35		35		35	
特別活動	34		35		35		35	−35	35	−35	35	−35
総合的な学習の時間					105	+105	105	+105	110	+110	110	+110
総授業時数	782	−68	840	−70	910	−70	945	−70	945	−70	945	−70

出典）平成 10 年版・平成元年版の小学校学習指導要領を基に作成

表５－２　平成 10 年版学習指導要領での中学校の標準授業時数

	国語	社会	数学	理科	音楽	美術	保健体育	技術・家庭	外国語	道徳	特別活動	選択教科等	総合的な学習の時間	総授業時数
第1学年	140	105	105	105	45	45	90	70	105	35	35	0 ～ 30	70 ～ 100	980
第2学年	105	105	105	105	35	35	90	70	105	35	35	50 ～ 85	70 ～ 105	980
第3学年	105	85	105	80	35	35	90	35	105	35	35	105 ～ 165	70 ～ 130	980

出典）平成 10 年版中学校学習指導要領を基に作成

も大幅に授業時数が削減されたことが見て取れる。

また，**表５－２**は平成 10 年版学習指導要領での中学校の標準授

表５－３　平成元年版学習指導要領での中学校の標準授業時数

	国語	社会	数学	理科	音楽	美術	保健体育	技術・家庭	道徳	特別活動	選択教科等	総授業時数
第1学年	175	140	105	105	70	70	105	70	35	35～70	105～140	1050
第2学年	140	140	140	105	35～70	35～70	105	70	35	35～70	105～210	1050
第3学年	140	70～105	140	105～140	35	35	105～140	70～105	35	35～70	140～280	1050

出典）平成元年版中学校学習指導要領を基に作成

業時数を示すものである。選択教科など授業時数に幅のある教科・科目もあるため単純な比較は難しい部分もあるが，**表５－３**（平成元年版学習指導要領での中学校の授業時数表）と照らし合わせると，中学校でも授業時数が大きく減少していることが見て取れる。

⑵　「学力低下」をめぐる論争

こうした授業時数や学習内容の削減に対しては，平成10・11年版学習指導要領が実施される2002（平成14）年度を迎える前から批判の声も上がっていた。1999（平成11）年頃に火のついたこの批判は，「学力低下論争」と呼ばれる論争へと展開していく。

1999（平成11）年６月，『分数ができない大学生』という書籍が公刊された。同書は必ずしも「ゆとり教育」や平成10・11年版学習指導要領への批判を目的として書かれたものではなく，主として大学生の理系分野の学力低下傾向に対して警鐘を鳴らす意図をもって公刊されたものであったが，同時期にマスメディアも大学生の学力低下を盛んに取り上げる中で，次第に同書の編著者からも平成10・11年版学習指導要領に対する批判が声高に叫ばれるようになった。

こうした「学力低下」を叫ぶ主張に対しては，今日では‘TIMSS（Trends in International Mathematics and Science Study；国際数学・理科教育動向調査）’として知られる，IEA（国際教育到達度評価学会）による調査の結果に依拠した反論もなされた。1995（平成７）年に実施された同調査では，日本の順位は小学校４年生が参加26ヵ国中理科で２位，算数で３位であり，中学校２年生は参加41ヵ国中で理科，数学とも３位であった。そのため，「学力は低下していない」という意見も少なくなく，文部省発行の2000（平成12）年度版『我が国の文教施策』でも，学力は「おおむね良好」と記された。しかしその一方，同調査で問われた理科や数学に対する関心や態度に関しては，中学生の「理科嫌い」や「数学嫌い」を裏付ける結果が出され，そのことへの対応の必要性は文部省も含め広く認識されるところとなった。

こうした，子どもの「理数離れ」とも言える状況に対して，はじめ文部省は学校教育が知識の詰め込みを重視していることに原因を求め，体験活動の充実や，総合的な学習の時間を活用した学習内容と日常生活との結びつき強化の必要性を訴えた。しかし，学力低下への危惧と，それを背景として学習内容や授業時数の削減を批判する声は次第にその大きさを増し，平成10・11年版学習指導要領の実施と前後して文部科学省*2もその対応に乗り出すこととなった。

第３節　2003（平成15）年の学習指導要領一部改正

学習指導要領の改訂は，約10年の間隔で行われるのが通例である。時には10年より短い間隔で改訂されたり，10年より長い年月が経過してから改訂されたりする場合もあるものの，基本的には，新たに改訂された学習指導要領が実施されると約10年間はその課程に則って学校の教育活動が行われていくことになる。

しかし，平成10・11年版学習指導要領はその実施と前後して展開された学力低下をめぐる論争により，一部とはいえ実施を待たずに改訂が検討されるという異例の事態が生じることとなった。

(1) 「確かな学力の向上のための2002アピール『学びのすすめ』」

平成10・11年版学習指導要領の実施を目前に控えた2002（平成14）年１月17日，遠山敦子文部科学大臣（当時）のもと，文部科学省は「確かな学力の向上のための2002アピール『学びのすすめ』」を発表する。そこでは平成10・11年版学習指導要領が「教育内容の厳選を図った上で，繰り返し指導や体験的・問題解決的な学習などのきめ細かな教育活動を展開すること」によって一人ひとりの児童・生徒に「確かな学力」を身につけることをねらいとしたものであることが述べられ，そのための重点方策として以下の５項目が挙げられている。

１．きめ細かな指導で，基礎・基本や自ら学び自ら考える力を身に付ける。
２．発展的な学習で，一人一人の個性等に応じて子どもの力をより伸ばす。
３．学ぶことの楽しさを体験させ，学習意欲を高める。
４．学びの機会を充実し，学ぶ習慣を身に付ける。
５．確かな学力の向上のための特色ある学校づくりを推進する。

具体的な内容としては，項目１を中心とした「個に応じた指導の充実」や項目３を中心とした「総合的な学習の時間の一層の充実化」などがポイントとされるところであるが，とりわけ注目すべき点として，項目２の説明において「学習指導要領は最低基準であり，理解の進んでいる子どもは，発展的な学習で力をより伸ばす」ことが明記された点が挙げられる。学習指導要領の「最低基準」としての位置づけがここに明確化されたことになる。

(2) 2003（平成15）年12月告示の学習指導要領一部改正

この「学びのすすめ」も踏まえて，2003（平成15）年12月26日に学習指導要領の一部改正が告示される。「生きる力」の中でも，とりわけ「確かな学力の向上」を強調した一部改正であり，「個に応じた指導」や「総合的な学習の時間」の充実化，学習指導要領の「基準性」の明確化が主な内容である。この「基準性」とは「学習指導要領に明示されている共通に指導すべき内容を確実に指導した上で，子どもの実態を踏まえ，明示されていない内容を加えて指導することもできるという性格」であるとされ*3，学習指導要領総則に記された具体的な内容としては，たとえば小学校学習指導要領第１章総則第２の２「学校において特に必要がある場合には，第２章以下に示していない内容を加えて指導することができる。また，第２章以下に示す内容の取扱いのうち内容の範囲や程度等を示

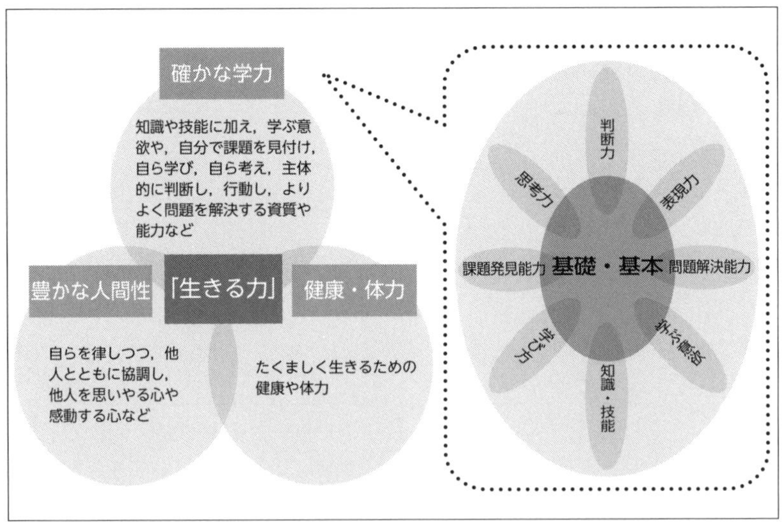

出典）文部科学省初等中等教育局パンフレット「『確かな学力』と『豊かな心』を子どもたちにはぐくむために」（2004年）より引用

図５−１ 「生きる力」・「確かな学力」等の概念図

す事項は，すべての児童に対して指導するものとする内容の範囲や程度等を示したものであり，学校において特に必要がある場合には，この事項にかかわらず指導することができる。ただし，これらの場合には，第２章以下に示す各教科，道徳，特別活動及び各学年の目標や内容の趣旨を逸脱したり，児童の負担過重となったりすることのないようにしなければならない」などがある。

なお，「生きる力」および「確かな学力」の概念や両者の相関については，前頁に示す**図５－１**のように説明がなされている。

おわりに

本章では平成 10・11 年版学習指導要領と，2003（平成 15）年の学習指導要領一部改正を主に扱ってきた。「生きる力」を掲げ，「自ら学び自ら考える」ことを重視して改訂された学習指導要領であったが，学力低下を危惧する声の高まりを無視することはできず，その位置づけは「最低基準」へと改められることとなった。これ以降も「生きる力」という言葉がキーワードとして掲げ続けられる一方で，具体的な内容では学力重視の方向性がより一層強く示されることとなり，授業時数も増加へと転じていくことになる。

考えよう！

1. 2000 年前後の「学力低下をめぐる論争」について整理し，学習指導要領が「最低基準」とされたことの意義や課題について考えてみよう。
2. 「[生きる力] をはぐくむ」ことを意識して，「総合的な学習の時間」の学習内容の具体例を考えてみよう。

〈註〉

＊１　増減のない箇所は空欄としている。なお，「総合的な学習の時間」は改訂によって新設されたものであるため，**表５－１**では「総合的な学習の時間」については改訂前の授業時数をゼロとみなして増加時数を記載している。

＊２　第２節では「文部省」という記載と「文部科学省」という記載とが混在しているが，2001（平成13）年１月６日に中央省庁再編が行われ，文部省は科学技術庁と統合されて文部科学省となった。そのため，この中央省庁再編以前の事項に関しては「文部省」，再編後の事項に関しては「文部科学省」と記載している。

＊３　文部科学省『平成17年度文部科学白書』https://data.e-gov.go.jp/data/dataset/mext_20140912_0007（2023年9月29日最終アクセス）。

〈参考文献〉

・市川伸一『学力低下論争』ちくま新書（2002年）
・岡部恒治・戸瀬信之・西村和雄編『分数ができない大学生―21世紀の日本が危ない』東洋経済新報社（1999年）
・鬼沢真之・佐藤隆編『学力を変える総合学習』明石書店（2006年）
・佐藤博志・岡本智周『「ゆとり」批判はどうつくられたのか―世代論を解きほぐす』太郎次郎社エディタス（2014年）

第6章　教育課程の変遷(4)
―教育基本法改正と「生きる力」

反橋　一憲

はじめに

1977・1978（昭和52・53）年の学習指導要領改訂以降，「ゆとり」のある教育が目指され，1998・1999（平成10・11）年の改訂で「生きる力」の育成も目指されるようになった。だが，教育内容の精選により「学力低下論争」が起こり，2003（平成15）年にはPISAテストの国際順位低下（PISAショック）も生じた。ゆとり教育は批判の対象になり，「生きる力」の育成を目指しつつも様々な教育改革が試みられてきた。さらに，2006（平成18）年に教育基本法が改正され，教育の基本理念に大きな変化がもたらされた。本章では，このようにゆとり教育批判を経て教育の基本理念が大幅に変化した2000年代後半以降の学習指導要領の変遷をたどる。

第1節　教育基本法と教育三法改正

1947（昭和22）年に公布・施行された教育基本法では，教育の目的や方針など基本理念が示されていた。施行以来50年以上にわたり教育基本法が改正されることはなかったが，2000（平成12）年に教育改革国民会議から教育基本法の見直しが提言された。その後，中央教育審議会や与党での議論を経て，2006（平成18）年に国会に教育基本法改正案が提出され，同年12月15日の第1次安倍内閣のときに成立した。新教育基本法においても「人格の完成」を目指すことが教育の目的に据えられた点は変わらなかった。だが，新教育基本法では新たに国や自治体の責務，家庭教育などが規定され，２条では教育の目標が五つ示された。五つの中でも，今日重要と考えられる事柄とされたのは，以下に抜粋した３号（公共の精神）と５号（伝統と文化の尊重）である。「伝統と文化を尊重し，〔……〕我が国と郷土を愛する」態度を養うこと（５号）は「愛国心教育」とも呼ばれ，議論の的となった。

> ２条　教育は，その目的を実現するため，学問の自由を尊重しつつ，次に掲げる目標を達成するよう行われるものとする。
> 〔……〕
> 三　正義と責任，男女の平等，自他の敬愛と協力を重んずるとともに，公共の精神に基づき，主体的に社会の形成に参画し，その発展に寄与する態度を養うこと。
> 〔……〕
> 五　伝統と文化を尊重し，それらをはぐくんできた我が国と郷土を愛するとともに，他国を尊重し，国際社会の平和と発展に寄与する態度を養うこと。

教育基本法の改正後，学校教育法，地方教育行政の組織及び運営に関する法律，教育職員免許法・教育公務員特例法のいわゆる教育三法も2007（平成19）年に改正された。特に，改正後の学校教育法では，21条で義務教育の10の目標が示され，以下に示した三つが改正後の教育基本法２条を踏まえたものとなっていた。

> 一　学校内外における社会的活動を促進し，自主，自律及び協同の精神，規範意識，公正な判断力並びに公共の精神に基づき主体的に社会の形成に参画し，その発展に寄与する態度を養うこと。
> 二　学校内外における自然体験活動を促進し，生命及び自然を尊重する

精神並びに環境の保全に寄与する態度を養うこと。
三　我が国と郷土の現状と歴史について，正しい理解に導き，伝統と文化を尊重し，それらをはぐくんできた我が国と郷土を愛する態度を養うとともに，進んで外国の文化の理解を通じて，他国を尊重し，国際社会の平和と発展に寄与する態度を養うこと。

そして，学校教育法30条2項にて，小・中・高等学校で「生涯にわたり学習する基盤が培われるよう，基礎的な知識及び技能を習得させるとともに，これらを活用して課題を解決するために必要な思考力，判断力，表現力その他の能力をはぐくみ，主体的に学習に取り組む態度を養う」ことが求められるようになった。

第2節　2008・2009（平成20・21）年版学習指導要領

2008・2009（平成20・21）年版学習指導要領（以下，平成20・21年版学習指導要領）は，1998・1999（平成10・11）年版で示された「生きる力」を志向しつつも，ゆとり教育批判やPISA型学力に対応し，改正された教育基本法の影響も受けた。学習指導要領改訂の方針は，2008（平成20）年に出された中央教育審議会答申「幼稚園，小学校，中学校，高等学校及び特別支援学校の学習指導要領等の改善について」（以下，平成20年答申）で示された。この答申によれば，21世紀は「知識基盤社会」という「新しい知識・情報・技術が政治・経済・文化をはじめ社会のあらゆる領域での活動の基盤として飛躍的に重要性を増す」社会である[*1]。「知識基盤社会」では，知識が国境を超えるグローバル化が進んで国際競争が増す分，知識・技能の習得やそれらを活用して課題を見いだし，解決するための思考力・判断力・表現力等が必要とされる。さらに，知識は常に更新される必要があり，そのためにも生涯にわたり学び続けることが求められる。平成10・11年版学習指導要領で示された「生きる力」は,「その内容のみならず，社会において子どもたちに必要となる力をまず明確にし，そこから教育の在り方を改善する」ものとして，2003（平成15）年にOECD（経済協力開発機構）が示した「キー・コンピテンシー」を先取りしていた。このような説明をもとに，平成20・21年版でも引き続き「生きる力」の育成が目指された。

さらに，教育基本法や学校教育法の改正によって，学力の重要な要素が①基礎的・基本的な知識・技能の習得，②知識・技能を活用して課題を解決するために必要な思考力・判断力・表現力等，③学習意欲の三つだと明確に示されたということが，平成20年答申で説明されている。

以下では平成20・21年版学習指導要領の特徴を大きく，⑴授業時数の増加，⑵知識基盤社会・グローバル化・PISA型学力への対応，⑶道徳教育・伝統や文化に関する教育の強化，の三つに分けて説明する。

⑴　授業時数の増加

表6－1　小・中学校の総授業時数の比較

学年	平成10年版	平成20年版	増加時数	増加率（%）
小1	782	850	+68	8.7
小2	840	910	+70	8.3
小3	910	945	+35	3.8
小4	945	980	+35	3.7
小5	945	980	+35	3.7
小6	945	980	+35	3.7
中1	980	1015	+35	3.6
中2	980	1015	+35	3.6
中3	980	1015	+35	3.6

出典）平成10年版小・中学校学習指導要領，平成20年版小・中学校学習指導要領を基に筆者作成

小・中学校では全体的に授業時数が増加した。**表6－1**は平成10年版と平成20年版の授業時数を比較したものである。小・中学校ともに週当たりの授業時数は１コマ（小学校低学年は週２コマ）増えたことになる。**表6－1**で省略した各教科の授業時数について，小学校は国語，社会，算数，理科，体育の授業時数が増加した一方で，

３年生以上の総合的な学習の時間の授業時数が減少した。中学校は国語，社会，数学，理科，保健体育，外国語の授業時数が増加した一方で，「総合的な学習の時間」と選択教科の授業時数が減少した。

それまで必須だった中学校の選択教科の設置も各学校による任意選択となり，事実上の廃止とも呼ばれた。中学校での選択教科とは，定められた授業時数で実施される必修教科（９教科）とは別に，課題学習，補充的な学習，発展的な学習などの多様な学習活動を行うべく，９教科の中から各学校で選択されて開設されるもので，平成10年版まで必須となっていた。例えば，平成10年版中学校学習指導要領総則では，２年生で１以上，３年生で２以上の選択教科を開設し，各教科の授業時数は70以内で実施するとされていた。しかし，平成20年版中学校学習指導要領総則では，「各学校においては，選択教科を開設し，生徒に履修させることができる」と，選択教科を開設できることのみが示され，授業時数の定めは削除された。

⑵　知識基盤社会・グローバル化・PISA型学力への対応

平成20・21年の改訂では，知識基盤社会やグローバル化，PISA型学力に対応しようとする動きが見られる。知識基盤社会では科学技術が競争力と生産性向上の基盤になることから理数教育が重視された。例えば，小学校算数では台形の面積が，中学校理科ではイオン，遺伝の規則性，進化がそれぞれ追加され，高等学校数学では統計に関する内容が必修化された。また，グローバル化への対応として，外国語教育も強化された。小学校では５年生と６年生を対象に，教科とは別に外国語活動の時間が設けられ，聞くこと，話すことの活動を通して外国語でのコミュニケーションに親しむことが目指された。高等学校でも授業は英語で指導することが基本とされた。

そして，「PISA型学力」に対応するため「言語活動の充実」も盛り込まれた。平成20年答申では，PISAテストやTIMSS（国際数学・理科教育動向調査），全国学力・学習状況調査などの結果から，小・中学生は「思考力・判断力・表現力等を問う読解力や記述式の問題に課題がある」とされた。この理由は，平成10・11年版学習指導要領で「総合的な学習の時間」が導入されたものの，各教科との連携が不十分で「思考力・判断力・表現力」（いわゆる「PISA型学力」）を育成できていないからだとされた。

そこで，平成20・21年版小・中・高等学校学習指導要領では，いずれも総則で児童・生徒の「発達の段階を考慮して，生徒の言語活動を充実するとともに，家庭との連携を図りながら，生徒の学習習慣が確立するよう配慮しなければならない」と示され，「言語活動の充実」が唱えられるようになった。具体的には国語における基本的な力を定着させた上で，「各教科等において，記録，要約，説明，論述といった学習活動に取り組む」ことが求められた（小学校学習指導要領解説　総則編〈平成20年６月〉２頁）。言語活動の充実は「PISA型学力」への対応だといえる。

さらに，各教科の内容には「…は取り扱わないものとする」のように，各教科の内容を制限する「はどめ規定」も原則として削除された。ただし，性に関する内容（性教育）については依然として「はどめ規定」が残っていると指摘されている*2。

⑶　道徳教育・伝統や文化に関する教育の強化

小・中・高等学校の学習指導要領総則では道徳教育の目標が以下のように定められた（下線は筆者）。

> 道徳教育は，教育基本法及び学校教育法に定められた教育の根本精神に基づき，人間尊重の精神と生命に対する畏敬の念を家庭，学校，その他社会における具体的な生活の中に生かし，豊かな心をもち，伝統と文化を尊重し，それらをはぐくんできた我が国と郷土を愛し，個

性豊かな文化の創造を図るとともに，公共の精神を尊び，民主的な社会及び国家の発展に努め，他国を尊重し，国際社会の平和と発展や環境の保全に貢献し未来を拓く主体性のある日本人を育成するため，その基盤としての道徳性を養うことを目標とする。

下線部が平成20・21年版で新たに加えられた要素である。2006（平成18）年に改正された教育基本法では２条に教育の目標として，「豊かな情操と道徳心を培うこと」（１号），「公共の精神に基づいた社会参画」（３号），「伝統と文化の尊重」（５号）が示されており，「伝統と文化の尊重」や「公共の精神の尊重」などが道徳教育の目標として新たに加わったのである。

平成20・21年版学習指導要領でも従来通り，道徳教育が「学校の教育活動全体を通じて行う」こととされ，（小・中学校においては道徳の時間を含む）各教科等のそれぞれの特質に応じて適切な指導を行わなければならないことが総則で示されたものの，小・中学校学習指導要領第３章では，道徳教育の推進を主に担当する道徳教育推進教師を設置し，道徳教育推進教師が中心となり，全教師が協力して道徳教育を展開することと示された。各教科でも伝統や文化に関する教育の充実が目指された。例えば，社会科・地理歴史では歴史教育が充実し，保健体育では中学１・２年生で武道が必修化した。

その他，平成20・21年版の重要事項として，環境教育，消費者教育，食育，安全教育，情報教育の充実が図られた。小・中学校では体験活動（集団宿泊活動，自然体験活動，職場体験活動など）の充実も図られた。中・高等学校では総則に「生徒の自主的，自発的な参加により行われる部活動については，スポーツや文化及び科学等に親しませ，学習意欲の向上や責任感，連帯感の涵養等に資するものであり，学校教育の一環として，教育課程との関連が図られるよう留意すること」と，あくまでも教育課程外の活動ではあるものの，部活動の意義や留意点が規定された。

第3節　2017・2018（平成29・30）年版学習指導要領

2016（平成28）年に中央教育審議会から「幼稚園，小学校，中学校，高等学校及び特別支援学校の学習指導要領等の改善及び必要な方策等について（答申）」（以下，平成28年答申）が出された。平成28年答申では，学力は改善傾向にあるものの，依然として課題は残っているとされた。その課題の一つが，学ぶことと自分の人生や社会とのつながりを実感しながら，自らの能力を引き出し，学習したことを活用して，生活や社会の中で出会う課題の解決に主体的に生かしていくことである。

さらに，平成28年答申では，社会の変化が加速度を増し，複雑で予測困難となってきているので，子どもたち一人ひとりが予測できない変化に主体的に向き合って関わり合い，その過程を通して自らの可能性を発揮し，よりよい社会と幸福な人生の創り手となる力を身に付けられるようにすることが重要だとされた。この力は特に目新しいものではなく，これまで育成が目指されてきた「生きる力」をとらえ直して発揮されるものだとされたのである。

以上の問題意識を基に改訂された2017・2018（平成29・30）年版学習指導要領（以下，平成29・30年版学習指導要領）の特色を順に確認する。

⑴　育成すべき資質・能力，主体的・対話的で深い学び，社会に開かれた教育課程

平成29・30年版学習指導要領では，育成すべき資質・能力を「知識及び技能」，「思考力，判断力，表現力等」，「学びに向かう力，人間性等」の三つの柱で整理した。各教科で何を学んで何を身につけるかは，この三つの柱に沿って示されている。例えば，国語科で

育成すべき資質・能力は中学校学習指導要領（第２章第１節第１）にて以下のように示されている。

> ⑴　社会生活に必要な国語について，その特質を理解し適切に使うことができるようにする。
> ⑵　社会生活における人との関わりの中で伝え合う力を高め，思考力や想像力を養う。
> ⑶　言葉がもつ価値を認識するとともに，言語感覚を豊かにし，我が国の言語文化に関わり，国語を尊重してその能力の向上を図る態度を養う。

⑴が「知識及び技能」，⑵が「思考力，判断力，表現力等」，⑶が「学びに向かう力，人間性等」に相当する。各教科の具体的な教育内容も三つの柱に沿って分けられている。

また，質の高い学びを実現し，学習内容を深く理解して資質・能力を身に付け，生涯にわたって能動的（アクティブ）に学び続けるようにするため，「主体的・対話的で深い学び」を実現する授業改善が求められている。元々は「アクティブ・ラーニング」が目指さ

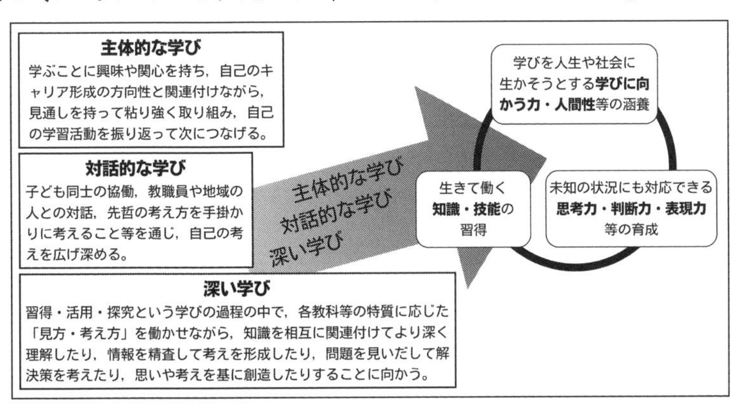

出典）文部科学省「主体的・対話的で深い学びの実現（「アクティブ・ラーニング」の視点からの授業改善）について（イメージ）」（2017年）を基に作成

図6－1　「主体的・対話的で深い学び」と資質・能力との関係

れていたが*[3]，授業の形式に留まった授業改善のみを志向するのではなく，子どもの興味や関心，目指すべき子どもの資質・能力など，子どもの視点に立って学習の在り方を問い直すため，「主体的・対話的で深い学び」が目指されるようになった。「主体的・対話的で深い学び」と育成すべき資質・能力の関係は**図6－1**の通りである*[4]。三つの柱で示される資質・能力を「主体的・対話的で深い学び」によって育成し，未来の創り手を育てることを目指しているわけだが，ここで「社会に開かれた教育課程」という考え方が鍵となる。平成29・30年版学習指導要領では目次の前に前文が掲載されるようになり，この前文で「社会に開かれた教育課程」について，「よりよい学校教育を通してよりよい社会を創るという理念を学校と社会とが共有し，それぞれの学校において，必要な学習内容をどのように学び，どのような資質・能力を身に付けられるようにするのかを教育課程において明確にしながら，社会との連携及び協働により」，「これからの時代に求められる教育を実現していく」ものだと説明されている。なお，「社会に開かれた教育課程」の実現に欠かせないとされるカリキュラム・マネジメントについては，第10章で取り上げるので，本章では省略する。

そして，平成29・30年版では平成20・21年版に引き続き，言語能力の確実な育成，理数教育の充実，伝統や文化に関する教育の充実が目指された。そして，小・中学校では体験活動の充実も引き続き図られた。主権者教育，消費者教育，防災・安全教育などの充実や，プログラミング教育を含む情報活用能力の育成も重視された。高等学校では複数の教科・科目で構成が大きく変わっている（**表6－2**）。

なお，平成29・30年版の特色としては道徳教育と外国語教育の充実を挙げることができるので，もう少し詳しく説明する。

表6－2　高等学校の教科・科目の変化

教科	平成21年版	平成30年版
国語	国語総合※ 国語表現 現代文A 現代文B 古典A 古典B	現代の国語※ 言語文化※ 論理国語 文学国語 国語表現 古典探究
地理歴史	世界史A 世界史B　　※いずれか1科目必修 日本史A 日本史B 地理A 地理B　　※いずれか1科目必修	地理総合※ 地理探究 歴史総合※ 日本史探究 世界史探究
公民	現代社会 倫理 政治・経済 ※「現代社会」1科目または「倫理」「政治・経済」2科目必修	公共（※） 倫理 政治・経済
外国語	コミュニケーション英語基礎 コミュニケーション英語Ⅰ※ コミュニケーション英語Ⅱ コミュニケーション英語Ⅲ 英語表現Ⅰ 英語表現Ⅱ 英語会話	英語コミュニケーションⅠ※ 英語コミュニケーションⅡ 英語コミュニケーションⅢ 論理・表現Ⅰ 論理・表現Ⅱ 論理・表現Ⅲ

注）※は必履修科目である。
出典）平成21年版高等学校学習指導要領，平成30年版高等学校学習指導要領を基に筆者作成

⑵　道徳教育の充実

小・中学校の道徳は平成29年版学習指導要領の告示より前に教科化された。元々，道徳は各教科，特別活動，「総合的な学習の時間」（平成20年版小学校学習指導要領では外国語活動も）に並ぶ，教育課程の一領域に位置づけられていた。しかし，2013（平成25）年に教育再生実行会議がいじめ問題[*5]への対処として道徳教育の充実・教科化を提言したことから，道徳教育の充実に関する懇談会や中央教育審議会での審議，報告・答申を経て，2015（平成27）年に学校教育法施行規則の改正と学習指導要領が改訂され，「特別の教科　道徳」が設置されることになった。

小学校では2018（平成30）年，中学校では2019（平成31）

年から検定教科書が使用されて内容が構造化・体系化され，いじめ問題への対応も充実したとされている。各学年の授業時数は35（小学１年生のみ34）とされ，数値による評価などはせず，入試にも使用されないとされた。なお，高等学校については，平成30年版学習指導要領総則の第６款で「公民科の『公共』及び『倫理』，特別活動が，人間としての在り方生き方に関する中核的な指導の場面である」と明記された。

(3) 外国語教育

小・中・高等学校の一貫した学びを重視し，外国語能力の向上を図る目標が設定された。特に，小学５・６年生で実施されてきた外国語活動が３・４年生に前倒しして実施されるようになり，各学年の授業時数は35が標準とされた。そして，５・６年生では外国語科として教科化され，各学年の授業時数は70が標準とされた。

おわりに

社会の変化とそれに伴う社会からの要望に応じて，教育改革が試みられ，学習指導要領の改訂が行われてきた。さらなる改善を目指す前に，これまでの改革が成果を上げたのか，検証が求められる。

考えよう！

1 平成20・21年の改訂で言語活動の充実をはじめ，外国語教育，理数教育，道徳教育・伝統や文化に関する教育などの充実が図られたが，これらの試みは成果を上げたといえるだろうか。

2 2020年代に入り，デジタルトランスフォーメーション（DX）や人工知能（AI）の発達など，社会は大きく変化している。このまま現在育成が目指されている資質・能力が求められるのか，あるいは今後新たな資質・能力の育成が求められるようになるのだろうか。

〈註〉

＊１　「知識基盤社会」（knowledge-based society）は，2005（平成17）年の中央教育審議会答申「我が国の高等教育の将来像」で示された考え方である。

＊２　例えば，小学５年生の理科で扱う「動物の誕生」では，人の母胎内での成長について「受精に至る過程は取り扱わないものとする」と，中学校の保健体育科（保健分野）で扱う「生殖にかかわる機能の成熟」でも，「受精・妊娠までを取り扱うものとし，妊娠の経過は取り扱わないものとする」と，留意事項が示されている。

＊３　日本で「アクティブ・ラーニング」という言葉は，高等教育（大学教育）を改善するために，2012（平成24）年の中央教育審議会答申「新たな未来を築くための大学教育の質的転換に向けて～生涯学び続け，主体的に考える力を育成する大学へ～（答申）」から用いられ始めた。詳細は溝上（2014）や小針（2018）を参照。

＊４　文部科学省「主体的・対話的で深い学び（「アクティブ・ラーニング」）の視点からの授業改善について」https://www.mext.go.jp/content/1421692_8.pdf（2023年９月22日最終アクセス）。

＊５　2011（平成23）年の大津市いじめ自殺事件などが挙げられる。この大津市の事件を機にいじめ防止対策推進法が2013（平成25）年に成立した。

〈参考文献〉

・水原克敏・髙田文子・遠藤宏美・八木美保子『新訂　学習指導要領は国民形成の設計書―その能力観と人間像の歴史的変遷』東北大学出版会（2018年）

・溝上慎一『アクティブラーニングと教授学習パラダイムの転換』東信堂（2014年）

・小針誠『アクティブラーニング―学校教育の理想と現実』講談社現代新書（2018年）

コラム1　幼稚園教育要領の変遷

山﨑　亜矢子

1．「保育要領」と「幼稚園教育要領」の誕生

戦後，1947（昭和22）年，「学校教育法」が制定され，従来，学校とは区別されていた幼稚園が学校の一つとして位置づけられた。これに伴い，旧文部省は幼児教育の内容の基準作成と改善の検討に着手し，1948（昭和23）年，「保育要領―幼児教育の手びき―」（以下「保育要領」）が刊行された。これが現在の幼稚園教育要領の前身である。表紙には「昭和22年度（試案）」と書かれ，副題には「―幼児教育の手びき―」と記されていたように，幼稚園のみならず保育所や家庭にも役立つ幼児教育の参考として示されたものであった。

従来の保育形態は，保育科目を中心とした保育者主導の性質を有していた。しかし，保育要領では「まえがき」において，幼稚園の目的や教育の目標の達成に向かう際は「その出発点となるのは子供の興味や要求」であるとされ，児童中心主義の理念の下，幼児の「自由遊び」を重視した教育の考えが示されていた。さらに「幼児期の特質に即した方法で教育の目標を達成していくことが必要」とし，2歳児から5歳児の発達特質を示した上で，それに即した生活指導，生活環境ならびに「楽しい幼児の経験」と題された12項目におよぶ保育内容を記載していた。

保育要領の考えが広まるにつれて，保育要領の内容が網羅的で系統性に乏しく，目標と内容のつながりが明示されていないという批判が生じるようになった。また，1951（昭和26）年には，小学校等の学習指導要領が初めて改訂され，幼児教育の内容についても検討が行われることになった。旧文部省は，保育要領の全面改訂を行い，1956（昭和31）年，新たな「幼稚園教育要領」が公にされた。幼稚園教育要領は，保育要領とは異なり，幼稚園だけを対象としていた。さらに，小学校との一貫性を持たせるために教育内容を「健康」，「社会」，「自然」，「言語」，「音楽リズム」，「絵画製作」の6領域に分類し，それぞれの内容領域における「望ましい経験」を系統的に示した。また，保育要領では触れられていなかった指導計画について，作成の必要性と運営の基本を明示し

た点に特徴がある。

しかし，保育内容を６領域に分類したことで，教科のような領域別の指導が行われる問題が生じたため，1964（昭和 39）年に１度目の幼稚園教育要領の改訂がなされた。教育内容を精選し，各領域が項目に分類してまとめられ，幼稚園修了までに指導することが「望ましいねらい」として示された。そして「ねらい」は，「相互に密接な連関」があるとされ，領域にとらわれない「総合的な経験や活動を通して達成されるものである」と明示された。この 1964（昭和 39）年の改訂以降，幼稚園教育要領は「文部省告示」となり，幼稚園の教育課程の基準として法的拘束力を持つことが明確化されている。

２．５領域への転換

1989（平成元）年，２度目の改訂が行われ，幼稚園教育の基本は「環境を通して行う」ことが明示されることになった。小学校教育の教科に準じていると一部に誤解された６領域は，「健康」，「人間関係」，「環境」，「言葉」，「表現」の５領域に編成され，発達をとらえる側面から「ねらい」と「内容」がまとめられた。「ねらい」は「幼推園修了までに育つことが期待される心情，意欲，態度など」と示され，「内容」は「ねらいを達成するために指導する事項」とされ，「ねらい」と「内容」の関係が明確にされている。

1998（平成 10）年の３度目の改訂では，５領域を維持しつつ，幼稚園教育は「生きる力の基礎」を育成すると示された。さらに教員による計画的な環境構成が強調され，幼児の活動場面に応じて様々な役割を果たすことが明示された。また「第３章　指導計画作成上の留意事項」において，地域の幼児教育のセンターとして子育て支援活動に努めることや，預かり保育における適切な指導体制を整えることが求められている。

2008（平成 20）年には，2006（平成 18）年の教育基本法改正，2007（平成 19）年の学校教育法改正を踏まえた４度目の改訂が行われた。子ども，保護者（家庭）をとりまく社会情勢に対応した改訂とされ，幼稚園と小学校の連携の推進や幼稚園と家庭生活の連続性への配慮，子育て支援の充実について明確化が図られている。そして，2017（平成 29）年には５度目の改訂が行われた（第７章参照）。

第7章 教育課程の編成（幼・小）

内山　絵美子

はじめに

2017（平成29）年に公示された幼稚園教育要領および小学校学習指導要領は，「前文」において法令上の教育の目的・目標が示されるとともに育成を目指す資質・能力を明確化するなど，理念や目指すべき方向性，すなわちゴールを意識した点が一つの特徴である。

小学校においては教育課程全体を通して育成を目指す資質・能力として，「生きる力」を①「生きて働く『知識・技能』の習得」，②「未知の状況にも対応できる『思考力・判断力・表現力等』の育成」，③「学びを人生や社会に生かそうとする『学びに向かう力・人間性等』の涵（かん）養」（小学校学習指導要領〈平成29年告示〉解説　総則編，3頁）という三つの柱に整理し，各教科等の目標や内容についても，これに基づくように再整理した。幼稚園教育において育みたい資質・能力としては，上記三つの柱の「基礎」を培うことが示されるとともに，それを具体的な幼児の姿として示した「幼児期の終わりまでに育ってほしい姿」（10項目）が新たに盛り込まれている。

そして，これらの目的・目標の達成を目指し，各学校の特色を生かしたカリキュラム・マネジメントを通して教育課程の改善，教育活動の質の向上を図ることが求められている。

また，教育課程の編成にあたっては，社会の直面する問題を教科等横断的・領域横断的に取り扱うなど横の関連を考慮することや，幼児期の教育から義務教育やそれ以降の教育にかけて学習内容のつながりを持たせる縦の関連を重視することが一層求められている。

第１節　幼稚園における教育課程の編成

⑴　幼稚園教育の目指すもの

幼稚園における教育課程は，関係法令や幼稚園教育要領（以下，教育要領とする）に基づき，全教職員の協力の下，園長の責任において編成される。まず，幼児期における教育について，教育基本法11条は「生涯にわたる人格形成の基礎を培う」ことと定めている。この規定を受け，学校教育法22条は幼稚園の目的として「義務教育及びその後の教育の基礎を培うものとして，幼児を保育し，幼児の健やかな成長のために適当な環境を与えて，その心身の発達を助長することを目的とする」と定めている。

「人格形成の基礎」および「義務教育及びその後の教育の基礎」となる具体的内容は，学校教育法23条に定める「幼稚園の目標」にみることができる。23条では発達の側面から，「健康」，「人間関係」，「環境」，「言葉」，「表現」という五つの領域について，育むことが期待されている事項が示されている。

第23条　幼稚園における教育は，前条に規定する目的を実現するため，次に掲げる目標を達成するよう行われるものとする。
一　健康，安全で幸福な生活のために必要な基本的な習慣を養い，身体諸機能の調和的発達を図ること。
二　集団生活を通じて，喜んでこれに参加する態度を養うとともに家族や身近な人への信頼感を深め，自主，自律及び協同の精神並びに規範意識の芽生えを養うこと。
三　身近な社会生活，生命及び自然に対する興味を養い，それらに対する正しい理解と態度及び思考力の芽生えを養うこと。
四　日常の会話や，絵本，童話等に親しむことを通じて，言葉の使い方を正しく導くとともに，相手の話を理解しようとする態度を養うこと。
五　音楽，身体による表現，造形等に親しむことを通じて，豊かな感性と表現力の芽生えを養うこと。

これらは，教育要領においてそれぞれの領域の「ねらい」（幼稚園教育において育みたい資質・能力を幼児の生活する姿として捉えたもの）・「内容」（ねらいを達成するために指導する事項）に具体化されている。

また，教育要領では，「幼児期の終わりまでに育ってほしい姿」（以下，10の姿とする）が示された（**図7－1**）。冒頭で述べた三つの資質・能力が育まれている幼児の具体的な姿であり，特に5歳児後半に見られるようになる姿である。ただし，これは幼児の到達すべき目標ではないことや，個別に取り出して指導するものではなく教育要領に示されたねらい・内容に基づく活動全体を通して育まれるものであることに留意が必要である。

出典）中央教育審議会初等中等教育分科会教育課程部会幼児教育部会「幼児教育部会における審議の取りまとめについて（報告）」（平成28年8月26日）より引用

図7－1　幼児期の終わりまでに育ってほしい姿の整理イメージ

⑵　計画の作成と評価

①教育課程の編成

幼児にこれらの資質・能力が育まれるよう，幼児が必要な経験を積み重ねていくために，道筋を示した計画が教育課程である。教育課程に係る年間の教育週数は，特別の事情のある場合を除き，39

生活の安定 ➡ **遊びの発展・深化** ➡ **協同的な活動の展開**

生活の安定
- 教師と触れ合い好きな遊びを楽しむ
- 生活の仕方やきまりが分かり安定した生活を送る
- 周囲の人やものへの興味や関心が広がり，自分で様々な遊びに取り組む

遊びの発展・深化
- 友達との関わりの中で共に生活する楽しさを知る
- イメージを伝え合う中で，友達からの刺激を受け，遊びを広げていくなど幼児の主体的な活動が深まる

協同的な活動の展開
- 友達を思いやったり，自己を抑制したりしながら関係を深め，お互いに良さを認め合う中で自己を形成していく
- 友達同士や学級全体で一つのことを成し遂げることを通して仲間意識が深まる

出典）文部科学省『幼稚園教育要領解説』（2018年２月）を基に筆者作成

図７－２　入園から修了までの幼児の生活する姿

週を下回ってはならず，１日の教育時間（登園から降園までの時間）は４時間が標準である[*1]。

編成に当たっては，幼児の心身の発達や，幼稚園や地域の実態，保護者の願いを踏まえ，各園の創意工夫を生かすこととされており，各幼稚園ではそれぞれの実情に応じて教育目標を立てる。そして幼児一人一人の発達の過程を見通し，幼児の幼稚園生活への適応の状態や興味・関心の傾向，季節ごとの展開を踏まえて，各幼稚園の実態に見合った具体的なねらいと内容を組織することとなる。

その際特に配慮すべきことが以下の３点である。第一に，入園から修了までの幼稚園における幼児の生活の姿（発達の見通し）を踏まえることである（**図７－２**）。幼児期の「自我が芽生え，他者の存在を意識し，自己を抑制しようとする気持ちが生まれる」という発達の特性を踏まえ，入園から修了に至るまで，活動がそれぞれの時期にふさわしく展開され，充実した生活が送れるように配慮しなければならない。

第二に，幼児の発達の特性である。幼児期の子どもの発達は多様で個人差も大きい（磯部2003，54頁）。特に３歳児の入園については，学年の途中から入園することをも考慮し，生活のリズムや安

全面に十分配慮するとともに，家庭との緊密な連携を図り，幼児が安心して過ごすことができるよう配慮が求められている。

第三に安全な環境づくりである。法令上の義務として施設・設備・遊具の安全・衛生の確保（学校保健安全法６条・28条），学校安全計画（同法27条）や危険等発生時対処要領の作成（同法29条）等は当然であるが，幼児が健康で安全な生活を送るためには，教師と幼児とが信頼関係を築き，一人一人の幼児が安定した情緒の下で行動できることや，幼児が自ら安全な行動をとることができるように指導を行うことが一層重視されなければならない。遊びの中で十分に体を動かすことを通して安全についての理解を深められるよう，指導の工夫を行うことが求められている（平成29年改訂教育要領解説，82頁）。

②指導計画の作成と評価

教育課程を編成後，それを骨子とした指導計画を作成し，その計画をもとに活動を展開することとなる。周囲の環境が発達に応じたものでない，活動に対して適切な指導が行われないなど指導に計画性がなければ，幼児の興味や関心が引き起こされず，経験も発達を促すものとはならない（平成29年改訂教育要領解説，90頁）。幼児の発達の見通しや活動の予想に基づいて環境を構成することと，幼児一人一人の発達を見通して援助することが重要である。指導計画は，そうした深い幼児理解に基づいて，ねらいや内容，環境構成や教師の援助をより具体化していかなければならない。

指導計画には，年・期・月といった長期計画と，週・日など短期計画がある。特に短期の指導計画は，目の前の幼児一人一人の発想や生活の展開の仕方を大切にしながら，あらかじめ設定したねらいや内容を修正し，環境を再構成するなど，常に柔軟に見直しを行う必要がある。

さらに，日々の実践を踏まえて，評価・反省を適切に行い，指導計画の改善を図るとともに，次の教育課程の編成に生かすことも求められている。評価の実施にあたっては，指導の過程における幼児の姿，心情・意欲・態度などの変容やそれが生み出されてきた状況など幼児の理解が欠かせない。「幼児一人一人のよさや可能性，特徴的な姿や伸びつつあるものなどを把握するとともに，教師の指導が適切であったかどうかを把握し，指導の改善に生かすようにする」（平成29年改訂教育要領解説，115頁）ことが大切である。そして，評価の妥当性や信頼性を高めるために，日々の記録やエピソード，写真など参考となる情報を生かすことや，複数の教職員で考え方を突き合わせながらより多面的に幼児を捉える工夫をすること，評価に関する園内研修を行うなど幼稚園全体で組織的・計画的に取り組むことが求められている。

⑶　幼児期における教育の特徴

幼稚園の教育課程では小学校以上の教育と違い，次のような特徴がある。第一に，幼児教育のカリキュラムは，小学校以上のようにあらかじめ決められた学習内容を順に学ぶものではないということである。教育要領は「幼児の自発的な活動としての遊びは，心身の調和のとれた発達の基礎を培う重要な学習であることを考慮して，遊びを通しての指導を中心として第２章に示すねらいが総合的に達成されるようにすること」を求めている（第１章第１）。すなわち，幼児が教師の作成した計画通りに活動を展開するのでなはく（磯部2003，50頁），「幼児の自発的な活動としての遊び」を中心に教師が指導を展開するのである。それは教科カリキュラムと経験カリキュラムとの差異ということもできる。遊びは，幼児の自発的・主体的活動であるが，それを尊重することは「計画のない教育」を意味しない。幼児の自発的な遊びの中で必要な経験をし，資質・能力を育むためには，計画が一層重要な意味を持つ。そして，その中で「家庭では体験できない社会・文化・自然などに触れ，教師に支えられながら，幼児期なりの世界の豊かさに出会う」ことが期待される（平成29年改訂教育要領解説，18頁）。

第二に，「環境を通して行う」ということである。それは，「環境の中に教育的価値を含ませながら，幼児が自ら興味や関心をもって環境に取り組み，試行錯誤を経て，環境へのふさわしい関わり方を身に付けていくことを意図した教育」(平成29年改訂教育要領解説，27頁)を意味する。環境には，園の施設・設備，園具，素材など物的環境，教師や仲間など人的環境，自然事象，人工物や社会システム，雰囲気，時間など子どもを取り巻くあらゆる存在が含まれる(三宅2014，28頁)。しかし，子どもの周囲の環境がそのまま教育的価値のあるものになるわけではない。教師が，子どもの実態を把握し，その成長や発達に有意義な環境を子どもにとってかかわりの対象となるように「橋渡し」することが必要である。そうした意図的な配慮の下で，子どもがそれぞれの興味や関心によって自ら環境にかかわることができてはじめて教育的に価値のある「環境」となるのである(三宅2014，28頁)。こうした環境を通した教育では「潜在的カリキュラム」に意識を向けることも，非常に重要になる。

第２節　小学校における教育課程の編成

(1)　小学校教育の基本

①小学校教育の目的・目標

小学校は初等教育のための機関であり，義務教育である。教育基本法はその目的を「義務教育として行われる普通教育は，各個人の有する能力を伸ばしつつ社会において自立的に生きる基礎を培い，また，国家及び社会の形成者として必要とされる基本的な資質を養うことを目的として行われる」と定める（５条２項)。ここでの「普通教育」は国民に共通に必要とされる一般的・基礎的な教育を指す。

この規定を受け，小学校における教育は「心身の発達に応じて，義務教育として行われる普通教育のうち基礎的なものを施すことを目的とする」（学校教育法29条）。そして，これらの目的を実現するために必要な程度において学校教育法21条各号に掲げる目標を達成するよう行われることとされている（学校教育法30条）。

これらの規定に基づき，また三つに整理された小学校の教育課程全体を通して育成を目指す資質・能力（知識・技能／思考力・判断力・表現力等／学びに向かう力・人間性等）を念頭において，各学校では校長を中心として教育目標を設定することとなる。その際，家庭や地域住民との連携も重要である。

②指導内容

小学校の教育課程は，国語，社会，算数，理科，生活，音楽，図画工作，家庭，体育および外国語の各教科，特別の教科である道徳，外国語活動，総合的な学習の時間ならびに特別活動によって編成するものとする（学校教育法施行規則50条1項）。「特別の教科である道徳」は，2015（平成27）年に学校教育法施行規則の改正により教科への格上げがなされた。また，小学校第5・6学年に行われていた外国語活動は，2020（令和2）年4月1日より第3・4学年に行うこととなり，第5・6学年には教科として「外国語」を行うこととなっている。私立学校では，これに宗教を加えることができ，その場合，宗教をもって「特別の教科である道徳」に代えることもできる（同条2項）。国公立学校においては，憲法20条3項及び教育基本法15条2項の規定により「特定の宗教のための宗教教育その他宗教的活動」をすることはできない。なお，政治教育については国公私立問わず，法律に定める学校（学校教育法1条に定める学校）では政治的中立性の確保が求められている（教育基本法14条2項）。

教育課程については，上記の規定に加えて基準としての小学校学習指導要領（以下，指導要領とする。また，各年版については「平成○年版指導要領」とする）によることとされ（学校教育法施行規則52条），そこに示された内容は，「児童に対して確実に指導しなければならないもの」とされている。ただし，個に応じた指導を充実する観点から，児童の学習状況などに応じて，「学習指導要領に示していない内容を加えて指導することもでき」，指導要領は最低基準としての性格を有するものとなっている。

また，各学校においては，教科等横断的な視点に立ち，言語能力，情報モラルを含む情報活用能力，問題発見・解決能力等の「学習の基盤となる資質・能力」を育成していくこととされている（総則第2の2）。平成29年版指導要領から新たに加わったのが，情報活用能力の育成のためのプログラミング教育である。「児童がプログラミングを体験しながら，コンピュータに意図した処理を行わせるために必要な論理的思考力を身に付けるための学習活動」を計画的に実施することとなっている（総則第3の1）。

③授業時数の配当

各教科等の授業時数については，学校教育法施行規則（51条）で年間授業時数の標準が（**表7－1**），指導要領において年間の授業週数が定められている。総授業時数は5,785時数で，前指導要

表7－1　小学校の授業時数

区分	各教科の授業時数										特別の教科である道徳	外国語活動	総合的な学習の時間	特別活動	総授業時数
	国語	社会	算数	理科	生活	音楽	図画工作	家庭	体育	外国語					
第1学年	306		136		102	68	68		102		34			34	850
第2学年	315		175		105	70	70		105		35			35	910
第3学年	245	70	175	90		60	60		105		35	35	70	35	980
第4学年	245	90	175	105		60	60		105		35	35	70	35	1015
第5学年	175	100	175	105		50	50	60	90	70	35		70	35	1015
第6学年	175	105	175	105		50	50	55	90	70	35		70	35	1015

出典）平成29年版小学校学習指導要領を基に筆者作成

領から140時数増え，ゆとり教育（平成10年版指導要領）より前の平成元年版指導要領の時数と同等になった。年間の授業週数は35週（第1学年は34週）以上とされている。

授業時数はあくまで「標準」であり，指導に必要な時間を実質的に確保するという観点から，児童の負担過重にならない限度において標準を上回る授業時数で指導することが可能である。教科や学習活動の特質に応じて，特定の期間に集中して行うほうが効果的な場合には夏季，冬季，学年末，農繁忙期等の長期休業の期間に授業日を設定することもできる。時間割は，各学校において地域や学校，児童の実態，各教科や学習活動の特質に応じて弾力的に編成することができ，その際，授業の1単位時間（45分）の区切り方を変えるなど，各学校で創意工夫を生かした編成が可能となっている。

また，学校の授業や地域における多様な学習，文化やスポーツ，体験活動等の機会の充実など土曜日に豊かな教育環境を提供することを目的として，設置者の判断で土曜授業が実施できる（学校教育法施行規則61条）。各教科の一部や補充学習・発展的学習，地域や民間事業者との連携による「総合的な学習の時間」，英語教育，キャリア教育等の取り組みが行われている。

⑵　教育課程の編成

これまで述べてきた前提条件のもと，各学校においては，児童の心身の発達の段階や特性及び学校や地域の実態を十分考慮して，適切な教育課程を編成し実施することとなる（平成29年版指導要領総則第1の1）。

教育課程の編成にあたっては特に重要な視点として「教科等横断的な視点」がある。すなわち，「知の総合化」を可能とする教育課程の編成が求められている。それにより，言語能力や情報活用能力，問題発見・解決能力等の各教科に共通する「学習の基盤となる資質・能力」とともに，健康・食・安全に関する力，主権者としての資質・能力，新たな価値を生み出す力，グローバル化の中で価値の多様性を尊重しながら他者と協働できること，持続可能な社会を創ることなど「現代的な諸課題に対応して求められる資質・能力」を育成していくこととなっている。これらの資質・能力の育成は一つの教科だけで行うことができるものではなく，それぞれの教科の知識・技能，「見方・考え方」を関連付けたり，統合したりしていくことが必要となる。

「知の総合化」を図るカリキュラムには融合カリキュラムと相関カリキュラムという考え方があるが，「総合的な学習の時間」や

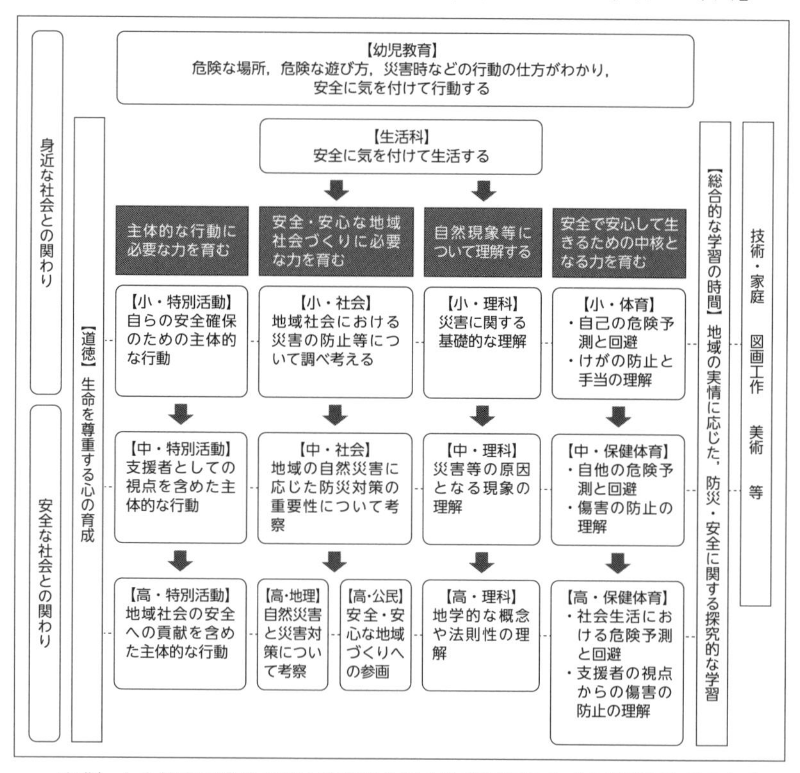

出典）中央教育審議会初等中等教育分科会教育課程部会「次期学習指導要領等に向けたこれまでの審議のまとめ」（2016年8月26日）を基に作成

図7－3 「防災を含む安全に関する教育のイメージ」

「生活科」は前者に当てはまる。「既存の教科の枠を取り払い，類似の内容を取り出すことにより一つの教科として再構築」されたものである。一方，後者は，「教科間の内容的なつながりや関係性を生かし，教科の枠組みを残しつつ，指導場面で統合的・統一的に編成する方法」で，今次の指導要領では，これを進めていくこととされた（田中 2019，340 頁）。中央教育審議会は，2021（令和３）１月『令和の日本型学校教育』の構築を目指して～全ての子供たちの可能性を引き出す，個別最適な学びと，協働的な学びの実現～(答申)」において，SETAM[*2]教育の推進を提言した。SETAM 教育とは，「各教科での学習を実社会での問題発見・解決にいかしていくための教科横断的な教育」で，主に高等学校での展開が想定されているが，土台として，幼児期からのものづくり体験や科学的な体験の充実，小学校，中学校での各教科等や「総合的な学習の時間」における教科等横断的な学習や探究的な学習，プログラミング教育などが重要であると考えられている。

例えば，「伝統や文化」「主権者」「環境」「消費者」「知的財産」「食」「防災」などの視点が示されている（指導要領〈平成 29 年告示〉解説　総則編，204-249 頁)。**図７－３**は防災を含む安全に関する教育のイメージである。教科間だけでなく，学年や学校段階間のつながりも意識されている。

第３節　幼小連携

幼児期から児童期にかけての教育においては，教室で学習に集中できない，教員の話が聞けずに授業が成立しないといういわゆる「小１プロブレム」が課題となっている。学校間の接続をめぐり，幼稚園―小学校間における連携は地域と共にある学校作りを考える上で重要なテーマとなると指摘されている（中央教育審議会「子供の発達や学習者の意欲・能力等に応じた柔軟かつ効果的な教育システムの構築について（答申）」2014〈平成26〉年12月）。

2017（平成29）年に告示された教育要領では，改訂の基本方針の一つに小学校との接続が挙げられた。幼稚園教育が，小学校以降の生活や学習の基盤の育成につながることに配慮すること，小学校の教師との意見交換や合同の研究会や研修会，保育参観や授業参観などの機会を設け，「幼児期の終わりまでに育ってほしい姿」を共有することなどが求められている。特に，幼児期の教育には，幼児なりの好奇心や探究心を伸ばしていくことが大切であり，その中で創造的な思考や主体的な生活態度などの基礎を培うことが重要とされている。入学が近づく時期には，皆と一緒に教職員の話を聞いたり，行動したり，きまりを守ったりすることができるように指導したり，協同して遊ぶ姿から協力して目標を目指す姿へとつなげることが求められる。これをアプローチカリキュラムという。ただし，これは小学校教育の先取りをすることではなく，幼児期にふさわしい教育を行う中で行われるものである。

指導要領においても，教育課程の編成にあたって，学校段階間の接続について次のことに配慮するよう求めている。①幼児期の終わりまでに育ってほしい姿を踏まえた指導を工夫すること，②特に小学校の入学当初においては，幼児期に自発的な活動としての遊びを通して育まれてきたことが，各教科等における学習に円滑に接続されるよう，生活科を中心に，合科的・関連的な指導や弾力的な時間割の設定など指導の工夫や指導計画の作成を行うこと，である。②についてはいわゆるスタートカリキュラムを編成することが求められている（指導要領〈平成29年告示〉解説　総則編，74頁）。スタートカリキュラムを行うにあたっては，安心して学べる学習環境を整え，人間関係が豊かに広がること，学習のきっかけがうまれることに配慮することが大切である。また学習時間の工夫として，20分や15分程度のモジュール学習や2時間続きの学習で時間割を構成する方法がある[*3]。

幼小連携の課題として，児童間や教員間の交流は比較的行われているのに対し，教育課程の編成に関する連携は進んでいないことが挙げられる[*4]。幼小間の円滑な接続のためには，教育課程編成を含めた連携・接続に関する行政の積極的な支援が求められているといえる。

考えよう！

1　幼児期の終わりまでに育ってほしい姿を育むために，幼稚園，保育園，幼保連携型認定こども園等，幼児教育を行う施設において，具体的にどのような体験を重ねると良いだろうか。「アプローチカリキュラム」を調べながら考えてみよう。

2　幼児教育を行う施設と小学校との連携には他にどのような課題がありそうか。幼保小連携の取り組みを調べてみよう。

〈註〉

＊１　より保護者のニーズに対応した子育て支援への必要性から，「教育課程に係る教育時間終了後等に行う教育活動」（いわゆる「預かり保育」など）が幼稚園教育要領に位置づけられている。これらの時間の活動も，幼稚園の教育活動として，教育課程との関連を考慮し幼稚園全体の教育目標が達成されるよう，幼児の心身の負担に配慮しつつ計画を作成することとされている。

＊２　STEAM は Science, Technology, Engineering, Art, Mathematics の頭文字をとったものであるが，各国で定義が様々である。A の範囲をデザインや感性などと狭く捉えるものや，芸術，文化とやや広く捉えるもの，さらに A を生活，経済，法律，政治，倫理等を含めた Liberal Arts といった，より広い範囲で定義するものもある。

＊３　文部科学省国立教育政策研究所教育課程研究センター編著『発達や学びをつなぐスタートカリキュラム――スタートカリキュラム導入・実践の手引き』2018（平成30）年３月。

＊４　文部科学省「令和３年度幼児教育実態調査」2022（令和４）年10

月。

〈参考文献〉

・磯部裕子『教育課程（カリキュラム）の理論―保育におけるカリキュラム・デザイン』萌文書林（2003年）
・臼井嘉一・金井香里編著『学生と教師のための現代教育課程論とカリキュラム研究』成文堂（2012年）
・三宅茂夫「第1章　総論　―教育・保育に大切なこと―」田中亨胤・三宅茂夫編『子どものいまとみらいを考える教育課程・保育課程論』みらい（2014年）22-35頁
・田中真秀「教科横断的カリキュラムの意義と課題―平成29年告示版学習指導要領の視点を軸として―」『川崎医療福祉学会誌』Vol.28（No.2）（2019年）339-344頁

第8章 中学校・高等学校における教育課程の編成

木村　康彦

はじめに

学校教育法によれば，「中学校は，小学校における教育の基礎の上に，心身の発達に応じて，義務教育として行われる普通教育を施すこと」を（45条），「高等学校は，中学校における教育の基礎の上に，心身の発達及び進路に応じて，高度な普通教育及び専門教育を施すことを目的とする」教育機関である（50条）。近年，教育の多様化が進められていく中で，中高の教育課程がどのような目標や方針の下で編成されているのかを本章では読み解いていきたい。

第1節　中学校・高等学校の目的および教育目標と教育課程の原則

2017・2018（平成29・30）年版中学校および高等学校の学習指導要領（以下，「平成29・30年版学習指導要領」）の冒頭では，「各学校においては，教育基本法及び学校教育法その他の法令並びにこの章以下に示すところに従い，生徒の人間として調和のとれた育成を目指し，生徒の心身の発達や特性」，学校や地域の実態，特に高等学校にあっては課程や学科の特色などを十分考慮して，「適切な教育課程を編成するものとし，これらに掲げる目標を達成するよう教育を行うものとする」ことが明記されている。本節では，この教育目標とその背景にある教育目的，教育課程の原則を確認する。

⑴　中学校・高等学校の目的と教育目標

学校教育法上，中学校は，「小学校における教育の基礎の上に，心身の発達に応じて，義務教育として行われる普通教育を施すことを目的」に設置されている（45条）。また，以下に示す21条に掲げる目標を達成するよう，中学校における教育は行われる（46条）。

義務教育として行われる普通教育の目標

一　学校内外における社会的活動を促進し，自主，自律及び協同の精神，規範意識，公正な判断力並びに公共の精神に基づき主体的に社会の形成に参画し，その発展に寄与する態度を養うこと。

二　学校内外における自然体験活動を促進し，生命及び自然を尊重する精神並びに環境の保全に寄与する態度を養うこと。

三　我が国と郷土の現状と歴史について，正しい理解に導き，伝統と文化を尊重し，それらをはぐくんできた我が国と郷土を愛する態度を養うとともに，進んで外国の文化の理解を通じて，他国を尊重し，国際社会の平和と発展に寄与する態度を養うこと。

四　家族と家庭の役割，生活に必要な衣，食，住，情報，産業その他の事項について基礎的な理解と技能を養うこと。

五　読書に親しませ，生活に必要な国語を正しく理解し，使用する基礎的な能力を養うこと。

六　生活に必要な数量的な関係を正しく理解し，処理する基礎的な能力を養うこと。

七　生活にかかわる自然現象について，観察及び実験を通じて，科学的に理解し，処理する基礎的な能力を養うこと。

八　健康，安全で幸福な生活のために必要な習慣を養うとともに，運動を通じて体力を養い，心身の調和的発達を図ること。

九　生活を明るく豊かにする音楽，美術，文芸その他の芸術について基礎的な理解と技能を養うこと。
十　職業についての基礎的な知識と技能，勤労を重んずる態度及び個性に応じて将来の進路を選択する能力を養うこと。

高等学校は，「中学校における教育の基礎の上に，心身の発達及び進路に応じて，高度な普通教育及び専門教育を施すことを目的」に設置される（50条）。また，その教育目標は次のように規定されている（51条）。

高等学校における教育の目標

一　義務教育として行われる普通教育の成果を更に発展拡充させて，豊かな人間性，創造性及び健やかな身体を養い，国家及び社会の形成者として必要な資質を養うこと。
二　社会において果たさなければならない使命の自覚に基づき，個性に応じて将来の進路を決定させ，一般的な教養を高め，専門的な知識，技術及び技能を習得させること。
三　個性の確立に努めるとともに，社会について，広く深い理解と健全な批判力を養い，社会の発展に寄与する態度を養うこと。

中高の教育課程においては，知・徳・体にわたる「生きる力」を育む各学校の特色ある教育活動の展開が求められている。全教科等の目標や内容の基準は学習指導要領で定められているが，2017・2018（平成29・30）年改訂で，この目標や内容が「知識及び技能」，「思考力，判断力，表現力等」，「学びに向かう力，人間性等」

の三つの柱で再整理された。「生きる力」を育むことを目指す中で，「何ができるようになるか」，「何を学ぶか」，「どのように学ぶか」といった点を共有しながら，授業の創意工夫や教科書等の教材の改善を引き出していくことが再整理のねらいである。

(2) 高等学校の課程と学科

高等学校段階で配慮が求められている「課程」とは，全日制の課程，定時制課程および通信制課程，ならびに学年による教育課程の区分を設けるいわゆる「学年制」の課程およびその区分を設けない「単位制」による課程のことである。また，高等学校設置基準５条および６条によると「学科」とは，普通科，専門学科（農業科／工業科／商業科／水産科／家庭科／看護科／情報科／福祉科／理数科／体育科／音楽科／美術科／外国語科／国際関係に関する学科など），そして普通科と専門学科の両方を選択履修可能な総合学科がある。高等学校は生徒が入学前にいずれかの学科を選択する「学科制」がとられている。

さらに，高等学校は中学校と異なり，「単位制」を採用することができる。単位制の高等学校では，１学年で取得しなければならない単位数が決められておらず，３年間を通じて必要な単位を取得すれば，卒業できる。一方の「学年制」の場合，１学年で取得しなければならない単位数が決められており，その学年で取得すべき数の単位を取得しなければ次の学年に進級できない。ただし，高等学校の中途退学の要因の一つが原級留置に関わるものであるという指摘もあることから，あまりに厳格すぎる「学年制」の運用は『高等学校学習指導要領（平成30年告示）解説　総則編』（2018〈平成30〉年７月）でも否定的な見解が述べられており，学年制を採用する学校であっても，各学年の課程の修了の認定を弾力的に行うよう配慮することが求められている。なお，原則として総合学科は単位制である。

第２節　各教科等の年間標準授業時数・単位数

中学校の教育課程を分類すると「各教科」「特別の教科　道徳」「総合的な学習の時間」「特別活動」に（学校教育法施行規則72条），高等学校は「各教科」「総合的な探究の時間」「特別活動」に（学校教育法施行規則83条），大別される。生徒の自主的，自発的な参加により行われる部活動は，「教育課程外の学校教育活動」，すなわち課外活動として位置づけられており，教育課程との関連が図られるように求められている（平成29・30年版学習指導要領総則）。本節では，中高の教育課程で定められた学校教育活動の内容と標準的な配当について，概説したい。

(1)　中学校の教育課程概要と年間標準授業時数

中学校における各教科等の年間授業時数の標準は，**表８－１**のように，学校教育法施行規則73条において定められているほか，学習指導要領においては年間の授業週数を35週以上とすることなどを規定している。各教科等の年間の標準授業時数は一部に例外はあるものの，35の倍数にすることが基本となっている。これは，2008（平成20）年１月17日の中央教育審議会答申「幼稚園，小学校，中学校，高等学校及び特別支援学校の学習指導要領等の改善について」（以下，平成20年答申）にて，「各教科の年間の標準授業時数を定めるに当たっては，子どもの学習や生活のリズムの形成や学校の教育課程編成上の利便の観点から，週単位で固定した時間割で教育課程を編成し学習する方がより効果的・効率的であることを踏まえ，可能な限り35の倍数にすることが望ましい」との提言がなされたことに起因する。また，中学校の１単位時間は50分であるが，10分程度の短い時間を単位として特定の教科の指導を行う場合，その時間を当該教科の年間授業時数に含めることができる。この場合，例えば，10分×５回で１単位時間と計算する。

中学校で指導する教科としては，国語や社会科などの９教科が基本であったが，2015（平成27）年の学習指導要領の一部改正によって，従来の「道徳の時間」が特別の教科である「道徳科」に再編された。平成29年版学習指導要領総則では，「道徳教育は，教育基本法及び学校教育法に定められた教育の根本精神に基づき，人間としての生き方を考え，主体的な判断の下に行動し，自立した人間として他者と共によりよく生きるための基盤となる道徳性を養うことを目標とすること」が記され，生きる力の“徳”に当たる部分

表8－1　中学校の標準授業時数

区分		第１学年	第２学年	第３学年
各教科の授業時数	国語	140	140	105
	社会	105	105	140
	数学	140	105	140
	理科	105	140	140
	音楽	45	35	35
	美術	45	35	35
	保健体育	105	105	105
	技術・家庭	70	70	35
	外国語	140	140	140
特別の教科である道徳の授業時数		35	35	35
総合的な学習の時間の授業時数		50	70	70
特別活動の授業時数		35	35	35
総授業時数		1015	1015	1015

備考　一　この表の授業時数の1単位時間は，50分とする。
　　　二　特別活動の授業時数は，中学校学習指導要領で定める学級活動（学校給食に係るものを除く。）に充てるものとする。

出典）学校教育法施行規則別表第2（第73条関係）より引用

を支える重要な教科として位置づけられている。また，道徳の教科化が進められた背景には，2011（平成23）年の大津市中２いじめ自殺事件が契機の一つとなっていることもあり，道徳教育の配慮事項として，いじめ防止が明確に掲げられるようになった。道徳科は専門の教員免許状は存在せず，校長の方針の下に，道徳教育の推進を主に担当する教師（道徳教育推進教師）を中心に全教師が協力して道徳教育を担うこととなっている。ただし，私立中学校においては学校教育法施行規則79条により，同施行規則50条２項が準用されるため，教育課程に「宗教科」を加えることが認められている。この場合は，宗教科を行うことで道徳科に代えることができる。

「総合的な学習の時間」は，探究的な見方・考え方を働かせ，横断的・総合的な学習を行うことを通して，よりよく課題を解決し，自己の生き方を考えていくための資質・能力を次のとおり育成することを目指す領域である。2017（平成29）年改訂では，探究的な学習の過程を一層重視し，実社会・実生活において活用できるものとするとともに，各教科等を越えた学習の基盤となる資質・能力を育成することを中心に，学習指導要領の見直しが進められた。

「特別活動」は，「学級活動」，「生徒会活動」，および「学校行事」からなる教科外活動である。「学校行事」はさらに細分化され，儀式的行事，文化的行事，健康安全・体育的行事，旅行・集団宿泊的行事，勤労生産・奉仕的行事に分けることができる。集団や社会の形成者としての見方・考え方を働かせ，様々な集団活動に自主的，実践的に取り組み，互いのよさや可能性を発揮しながら集団や自己の生活上の課題を解決することを通して学ぶ点が特徴的である。最近の特別活動では，キャリア教育や防災を含む安全教育や体験活動などといった形で，社会の変化や要請も視野に入れて，各教科等の学習と関連付けて行うことが求められている。なお，「総合的な学習の時間」における学習活動により，特別活動の学校行事に掲げる各行事の実施と同様の成果が期待できる場合においては，相当する特別活動の学校行事に掲げる各行事の実施に代替できる。

上述の各教科等が中学校では必履修となっているが，この他にも各学校は選択教科を開設し，生徒に履修させることができる。2008（平成20）年版学習指導要領より，標準授業時数の枠外で選択教科を開設することとなっているが，当該方針が現在も踏襲されている。選択教科は学習指導要領で定められている9教科に加えて，生徒の特性等を鑑みて「その他特に必要な教科」があれば，各学校が教科の名称，目標，内容などを適切に定めて実施することができる。

以上が中学校の年間標準授業時数と各教科等の概要である。全体的に見ると，道徳の教科化を除けば，標準授業時数には大きな変更がなかったが，教育課程の再編が進められていることがわかる。

(2) 高等学校の教育課程概要と年間標準単位数

平成20年答申によれば，「高等学校学習指導要領は，『単位』の計算方法，年間の標準授業週数，全日制の課程における週当たりの授業時数，卒業までに修得させる単位数，各教科・科目の標準単位数等の教育課程の基本的な枠組みについて規定しているものの，教育課程上高い共通性を担保している小・中学校とは異なり，すべての生徒に共通に学ばせる教育内容については，必要最小限の必履修教科・科目を定めるにとどめている」とされる。それゆえに，高等学校の教育課程は多様となっており，生徒の個性やニーズに応じた教育の提供が可能となっている。学科ごとの多様性はもちろん，平成30年版高等学校学習指導要領総則第2款の3でも生徒の特性や進路等に応じて適切に学習できるようにするために，多様な各教科・科目を設けて生徒が自由に選択履修することのできるように配慮して教育課程を編成するように求めていることにも留意したい。

高等学校は学校教育法施行規則96条において，生徒の高等学校

表8－2　高等学校　全学科共通教科・科目の標準単位数

教科等	科目	標準単位数	必履修科目
国語	現代の国語	2	○
	言語文化	2	○
	論理国語	4	
	文学国語	4	
	国語表現	4	
	古典探究	4	
地理歴史	地理総合	2	○
	地理探究	3	
	歴史総合	2	○
	日本史探究	3	
	世界史探究	3	
公民	公共	2	○
	倫理	2	
	政治・経済	2	
数学	数学I	3	○2単位まで減可
	数学II	4	
	数学III	3	
	数学A	2	
	数学B	2	
	数学C	2	
理科	科学と人間生活	2	「科学と人間生活」を含む2科目又は基礎を付した科目を3科目
	物理基礎	2	
	物理	4	
	化学基礎	2	
	化学	4	
	生物基礎	2	
	生物	4	
	地学基礎	2	
	地学	4	

教科等	科目	標準単位数	必履修科目
保健体育	体育	7～8	○
	保健	2	○
芸術	音楽I	2	Iの科目から1科目
	音楽II	2	
	音楽III	2	
	美術I	2	
	美術II	2	
	美術III	2	
	工芸I	2	
	工芸II	2	
	工芸III	2	
	書道I	2	
	書道II	2	
	書道III	2	
外国語	英語コミュニケーションI	3	○2単位まで減可
	英語コミュニケーションII	4	
	英語コミュニケーションIII	4	
	論理・表現I	2	
	論理・表現II	2	
	論理・表現III	2	
家庭	家庭基礎	2	1科目必修
	家庭総合	4	
情報	情報I	2	○
	情報II	2	
理数	理数探究基礎	1	
	理数探究	2～5	
総合的な探究の時間		3～6	○2単位まで減可

表中の○印は必履修科目を指す

出典）高等学校学習指導要領（平成30年告示）解説　総則編を基に作成

の全課程の修了を認めるに当たっては，高等学校学習指導要領の定めるところにより，74単位以上を修得した者について行わなければならないとされている。そして，平成30年版高等学校学習指導要領第2款では，1単位時間を50分として，35単位時間の授業を1単位として計算することが標準となっている。また，全日制課程における週当たりの授業時数は，30単位時間を標準としているが，必要がある場合にはこれを増加することができるとされている。

高等学校の各学科に共通する各教科・科目及び「総合的な探究の時間」の標準単位数は，**表8－2**のようになっている。2018（平成30）年改訂で，科目の半数近くが改廃された。特に大きく変更されたのは国語と地理歴史であり，全科目が新設科目である。また，スーパーサイエンスハイスクール（SSH）の成果を受けて，「理数」が新設された。「理数」は従来の「数学活用」と「理科課題研究」の両科目の性質を継承しており，数学的な見方・考え方や理科の見方・考え方を組み合わせるなどして学ぶ探究科目となっている。この探究科目であるという性質上，「理数」の「理数探究基礎」または「理数探究」の履修により，「総合的な探究の時間」の履修と同様の成果が期待できる場合には，「総合的な探究の時間」に代替することが認められている。理数に関する学科では「理数探究」が原則必履修とされた。

他方，高等学校の道徳教育は，各教科等の全体を通じて指導することとなっている。なかでも，公民の「公共」および「倫理」ならびに特別活動が，人間としての在り方・生き方に関する中核的な指導の場面であることに配慮するように，平成30年版高等学校学習指導要領でも規定されている。

そして高等学校では従来の「総合的な学習の時間」が「総合的な探究の時間」に名称変更されている。『高等学校学習指導要領（平成30年告示）解説　総合的な探究の時間編』（2018〈平成30〉

年7月）によれば，「総合的な学習の時間は，課題を解決することで自己の生き方を考えていく学びであるのに対して，総合的な探究の時間は，自己の在り方生き方と一体的で不可分な課題を自ら発見し，解決していくような学びを展開していく」としており，より質の高い探究プロセスの実現を目指している。小・中学校までの取組を基盤として，各教科等の特質に応じた「見方・考え方」を総合的・統合的に働かせることや，自己のキャリア形成の方向性と関連付けながら「見方・考え方」を組み合わせて統合させ，働かせながら，自ら問いを見いだし探究する力を育成するように改訂された。

高等学校の「特別活動」は，「ホームルーム活動」，「生徒会活動」，「学校行事」から構成されている。「学校行事」の分類は中学校と同様に儀式的行事，文化的行事，健康安全・体育的行事，旅行・集団宿泊的行事，勤労生産・奉仕的行事が設定されている。特別活動の標準単位数は**表8－2**には記載されていないものの，平成30年版高等学校学習指導要領ではホームルーム活動の授業時数について，全日制課程では原則年間35単位時間以上とすることが定められている。なお，定時制課程の特別活動は，ホームルーム活動を含めて，卒業までに原則30単位時間以上の指導をすることになっている。

さらに高等学校では，生徒や学校，地域の実態および学科の特色等に応じて，特色ある教育課程の編成に資するように，「学校設定教科」や「学校設定科目」を置くことが認められている。学校設定教科・科目の名称や内容，単位数などは，各学校が高等学校の教育水準に配慮しながら任意に設定できる。ただし，平成30年版学習指導要領で学校設定教科に関する科目として例示されている「産業社会と人間」は，一定の基準が示されている。これは「産業社会と人間」は総合学科の生徒のみ，入学年度に原則履修となっているためである。全国的にみると，「絵本で見る世界」（兵庫県立国際高等学校）*[1]，「人形浄瑠璃入門」（徳島県立城北高等学校）*[2]などといったような，特色ある学校設定科目が置かれている。

主として専門学科において開設される教科・科目については，地域の実態や学科の特色等に応じるため，その標準単位数の決定は設置者に委ねられている。専門学科における専門教科・科目の単位数の下限は25単位となっているが，専門教科・科目の履修によって，各学科共通の必履修教科・科目の履修と同様の成果が期待できる場合は，その専門教科・科目の履修をもって，必履修教科・科目の履修の一部又は全部に替えることもできる。さらに，職業教育を主とする専門学科（職業学科）では「課題研究」等の授業が原則必修科目となっているが，「総合的な探究の時間」と同様の成果が期待される場合には「課題研究」等の履修で一部または全部を代替することが可能となっているほか，その逆も認められている。

最後に通信制課程の教育であるが，高等学校通信教育規程２条に基づき，添削指導，面接指導，放送その他の多様なメディアを利用した指導および試験等によって行われている。全日制・定時制課程とは異なる教育方法がとられることから，平成30年版学習指導要領でも「通信制の課程における教育課程の特例」が設けられ，各教科・科目の添削指導の回数及び面接指導の単位時間の標準が定められている。昨今の新型コロナウイルス感染症による災禍（コロナ禍）を契機として，質の高い遠隔教育が行われている通信制課程の学校が注目を浴びた。

以上が高等学校の教育課程の概要である。2018（平成30）年も様々な改訂がなされた一方で，標準単位数の範囲内で合計が最も少なくなるように履修した際の必履修教科・科目の単位数の合計は35単位に据え置かれるなどの点には変更がなかった。高等学校の「共通性の確保」を図りながら，「多様性への対応」を進めていることの表れである。

第3節　多様な中等教育の教育課程編成と関連法令

近年は地域や個人等の特性に応じた教育を実現するため，様々な教育課程編成が可能となっている。特に学校種をめぐる変化としては，1998（平成10）年の学校教育法改正により中高一貫教育を行う「中等教育学校」が制度化されたことに加え，2015（平成27）年の同法改正で小中一貫教育を担う「義務教育学校」が設置可能となった。高等学校進学率も約99%に達する現在においては，これらを円滑に接続させて連続性のある教育課程の編成が求められている。

これは小・中・高等学校の一貫校・連携校以外も例外ではなく，平成30年版高等学校学習指導要領では「現行の中学校学習指導要領を踏まえ，中学校教育までの学習の成果が高等学校教育に円滑に接続され，高等学校教育段階の終わりまでに育成することを目指す資質・能力を，生徒が確実に身に付けることができるよう工夫すること」や「高等学校卒業以降の教育や職業との円滑な接続が図られるよう，関連する教育機関や企業等との連携により，卒業後の進路に求められる資質・能力を着実に育成することができるよう工夫すること」が求められている。

また，平成29・30年版学習指導要領では，障害のある生徒や海外からの帰国生，日本語の習得に困難のある生徒，不登校生徒および学齢を過ぎた者に対する指導上の配慮についても定められている。これらは他の法律でも要請されている場合がある。例えば，障害のある生徒への特別支援教育は，2011（平成23）年の障害者基本法改正で「障害者が，その年齢及び能力に応じ，かつ，その特性を踏まえた十分な教育が受けられるようにするため」に，教育の内容・方法の改善等の施策を講じなければならないとされていることに留意することが必要である。不登校生徒や学齢を過ぎた者への対応は，2016（平成28）年に「義務教育の段階における普通教育に相当する教育の機会の確保等に関する法律」（多様な教育機会確保法）が成立したこととの関連も理解しておくことが望ましい[*3]。2005（平成17）年７月の学校教育法施行規則改正により不登校児童・生徒の実態に配慮して特別に編成された教育課程に基づく教育を行う学校（不登校特例校）も創設されている。

とはいえ，不登校児童・生徒数が未だ高い数値を示していることから，平成29・30年版学習指導要領解説では，不登校への理解を深め，教育支援体制の整備を進めることや民間団体を含む学校以外の組織との連携，夜間等に授業を行う学校を充実させるために必要な措置を講じることが定められている。日本語の習得に困難のある生徒等への支援に関連する法律としては，2019（令和元）年６月に制定された「日本語教育の推進に関する法律」がある。同法は，国に外国人等の児童・生徒および海外在留邦人の子等に対する日本語教育の充実を求めている。

おわりに

今後の教育課程はどのような方向へと推移していくのだろうか。2021（令和３）年１月26日に，その行方を左右する中央教育審議会答申「『令和の日本型学校教育』の構築を目指して～全ての子供たちの可能性を引き出す，個別最適な学びと，協働的な学びの実現～」が公表された。この答申では，人工知能（AI）やビッグデータの活用といった技術革新によって社会の在り方が劇的に変わる「Society5.0時代」の到来や新型コロナウイルス感染症の世界的拡大といったような先行き不透明な「予測困難な時代」に直面する中で，「令和の日本型学校」構築の必要性を述べている。キーワードとなるのが，副題にもある「個別最適な学び」と「協働的な学び」の二つだ。両者を一体的に充実させることで「主体的・対話的で深い学び」に向けた授業改善を行い，知・徳・体にわたる「生きる力」全体を捉えた資質・能力３要素「知識及び技能」，「思考力，判断力，表現力等」，「学びに向かう力，人間性等」をバランスよく育む必要があるとされている。そして，2023（令和５）年６月16日に閣議決定された第４期教育振興基本計画では，その実現に向けた具体的なロードマップも示された。

一方で，「個別最適な学び」が情報通信技術（ICT）を活用した単なる習熟度別学習にならないかという指摘や（中西ほか2023），教育内容の肥大化により学校や教師，生徒に過剰な負担となる「カリキュラム・オーバーロード」となるのを懸念する声などもあり，課題も見えてきている。教育課程改革の動向を引き続き注視していく必要があるだろう。

考えよう！

1　皆さんの出身校の教育課程はどうなっているだろうか。出身校のホームページやパンフレットを参照しながら，出身校の教育課程の特色を調べてみよう。例えば，学校設定教科／学校設定科目はあるだろうか。

2　中学校と高等学校の標準的な教育課程を学んだが，大規模な災害や新型コロナウイルス感染症の世界的大流行（パンデミック）といったような危機的状況ではどうなるだろうか。非常時における生徒の学びの質保証がどのように行われたか，実例を調べてみながら，どの段階（発災当日，翌日，１週間後，１ヵ月後…）で，どうあるべきなのか考えてみよう。

〈註〉

＊１　兵庫県立国際高等学校HP「教育課程」https://hyogopref-kokusaihs.ed.jp/curriculum/（2024年１月３日最終アクセス）。

＊2　徳島県立城北高等学校HP「グレードと進路に応じた大幅な選択」https://johoku-hs.tokushima-ec.ed.jp/学校概要/単位制について/Advance/グレード（2024年1月3日最終アクセス）。

＊3　この法律の制定を受けて，平成29・30年版学習指導要領総則において，初めて独立した項目で「不登校児童・生徒への配慮」が示されることとなったのである。

〈参考文献〉

・中西新太郎・谷口聡・世取山洋介著，福祉国家構想研究会編『教育DXは何をもたらすか――「個別最適化」社会のゆくえ』大月書店（2023年）

・水原克敏・髙田文子・遠藤宏美・八木美保子『新訂学習指導要領は国民形成の設計書：その能力観と人間像の歴史的変遷』東北大学出版会（2018年）

・無藤隆『中学校新学習指導要領の展開：総則編〈平成29年版〉』明治図書出版（2017年）

・文部科学省『中学校学習指導要領（平成29年告示）解説　総則編』，『高等学校学習指導要領（平成30年告示）解説　総則編』https://www.mext.go.jp/a_menu/shotou/new-cs/1384661.htm　（2023年9月30日最終アクセス）

・文部科学省国立教育政策研究所「学習指導要領の一覧（学習指導要領データベース）」https://erid.nier.go.jp/guideline.html（2023年9月30日最終アクセス）

第9章 特別支援学校における教育課程の編成

黒川　雅子

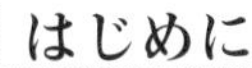

はじめに

2005（平成17）年12月，中央教育審議会（以下，中教審とする）は，「特別支援教育を推進するための制度の在り方について」と題する答申を公にした。これを受けて，2006（平成18）年には「学校教育法等の一部を改正する法律」（平成18年法律第80号）が成立し，2007（平成19）年度から特別支援教育が実践されてきた。

その後，2014（平成26）年には，日本が「障害者の権利に関する条約」を批准した。同条約では，障害を有する者と障害のない者がともに学ぶ仕組みとしての「インクルーシブ教育システム」の理念が提唱された。日本においては，2011（平成23）年には障害者基本法が改正され，2016（平成28）年には，障害を理由とする差別の解消の推進に関する法律が施行されるなど，特別支援教育をめぐる制度改正が行われてきた。では，特別支援教育を担う教育機関の要である特別支援学校の教育実践はどのような方向性を重視して実施されているのであろうか。

本章では，特別支援学校の教育課程を理解するために，第1節では特別支援学校の目的を，第2節では特別支援学校に関する法令を，第3節では，2017（平成29）年版（以下，「平成29年版」）特別支援学校小学部・中学部学習指導要領，2018（平成31）年版（以下，「平成31年版」）特別支援学校高等部学習指導要領の主たる改訂事項について整理することとしたい。

第1節　特別支援学校（教育）の目的

学校教育法上，特別支援学校は，視覚障害者，聴覚障害者，知的障害者，肢体不自由者又は病弱者（身体虚弱者を含む）に対して，「幼稚園，小学校，中学校又は高等学校に準ずる教育を施すとともに，障害による学習上又は生活上の困難を克服し自立を図るために必要な知識技能を授けること」を目的に設置されている（72条）*[1]。その設置義務は都道府県が負い（80条），原則として，小学部及び中学部を置かなければならない（76条1項）*[2]。また，特別支援学校には，小学部及び中学部のほか，幼稚部又は高等部を置くことができ，特別の必要のある場合は，小学部及び中学部を置かないで幼稚部又は高等部のみを置くことができる（76条2項）。

なお，幼稚園，小学校，中学校，義務教育学校，高等学校及び中等教育学校においては，①知的障害者，②肢体不自由者，③身体虚弱者，④弱視者，⑤難聴者，⑥その他障害のある者で，特別支援学級において教育を行うことが適当なもの，のいずれかに該当する幼児，児童及び生徒その他教育上特別の支援を必要とする幼児，児童及び生徒に対し，文部科学大臣の定めるところにより，障害による学習上又は生活上の困難を克服するための教育を行うこととされている（81条1項・2項）。そして，①～⑥のいずれかに該当する幼児，児童，生徒に対して特別支援教育を実践するにあたり，特別支援学級を置くことができることになっている（81条2項）。

第2節　特別支援学校の教育課程に関わる法令

では，特別支援教育はどのような教育課程の下実践されているのだろうか。本節では，特別支援学校の小学部，中学部，高等部に焦点を当てて教育課程に関わる法令について見ていくこととしたい。

学校教育法は，特別支援学校の小学部及び中学部の教育課程又は高等部の学科及び教育課程に関する事項は，小学校，中学校又は高等学校に準じて，文部科学大臣が定めるとしている（77条）。文部科学大臣の定めに当たる学校教育法施行規則では，特別支援学校の「小学部，中学部及び高等部の教育課程については，〔略〕教育課程の基準として文部科学大臣が別に公示する〔略〕特別支援学校小学部・中学部学習指導要領及び特別支援学校高等部学習指導要領によるものとする」と規定している（129条）。なお，特別支援学校の教育課程は，各校種毎に次頁**表9－1**に示される内容で編成されている。

ただし，特別支援学校の小学部，中学部又は高等部においては，特に必要がある場合は，**表9－1**に示される各教科，又は別表第三及び別表第五に定める各教科に属する科目の全部又は一部について，また，知的障害者である児童若しくは生徒又は複数の種類の障害を併せ有する児童若しくは生徒を教育する場合において特に必要があるときは，各教科，道徳，外国語活動，特別活動及び自立活動の全部又は一部について，合わせて授業を行うことができる（学校教育法施行規則130条）。

第3節　特別支援学校学習指導要領の改訂の動向

(1)　改訂の方向性

2016（平成28）年に発表された中教審答申「幼稚園，小学校，中学校，高等学校及び特別支援学校の学習指導要領等の改善及び必要な方策等について」（以下，平成28年答申）は，学校現場に対して新しい時代に求められる資質・能力を子どもに育むため，「社会に開かれた教育課程」の実現を目指すこと，各学校において教育課程を軸に学校教育の改善・充実の好循環を生み出すことができる「カリキュラム・マネジメント」の実現を目指すこと，などを求め

表9－1　平成29・31年版特別支援学校の教育課程編成

小学部		中学部		高等部	
	知的障害者である児童		知的障害者である生徒		知的障害者である生徒
国語 社会 算数 理科 生活 音楽 図画工作 家庭 体育 外国語 特別の教科である道徳 外国語活動 総合的な学習の時間 特別活動 自立活動	生活 国語 算数 音楽 図画工作 体育 特別の教科である道徳 特別活動 自立活動 ※必要がある場合は外国語活動を加えてもよい	国語 社会 数学 理科 音楽 美術 保健体育 技術・家庭 外国語 特別の教科である道徳 総合的な学習の時間 特別活動 自立活動	国語 社会 数学 理科 音楽 美術 保健体育 職業・家庭 特別の教科である道徳 総合的な学習の時間 特別活動 自立活動 ※必要がある場合は外国語科を加えてもよい	学校教育法施行規則別表第三及び別表第五に定める各教科に属する科目 総合的な探究の時間 特別活動 自立活動	国語 社会 数学 理科 音楽 美術 保健体育 職業 家庭 外国語 情報 家政 農業 工業 流通・サービス及び福祉 特別支援学校高等部学習指導要領で定めるこれら以外の教科 特別の教科である道徳 総合的な探究の時間 特別活動 自立活動

出典）学校教育法施行規則126, 127, 128条を基に作成

た。

そこに加えて，「特別支援教育に関しては，①インクルーシブ教育システム構築のための特別支援教育の推進，②子供の障害の重度・重複化，多様化，③社会の急速な変化と卒業後を見据えた教育

課程の在り方」等に対応し，障害のある子ども一人ひとりの教育的ニーズに対応した適切な指導や必要な支援を通して，「自立と社会参加に向けて育成を目指す資質・能力を身に付けていくことができるようにする観点から，教育課程の基準の改善を図る」必要があることを示した*3。

近年，特別支援学校のみならず，小学校，中学校，高等学校等において発達障害を含めた障害を有する子どもが多数学んでいる状況にあり，特別支援教育の対象となる児童・生徒数は増加傾向にある*4。また，特別支援学校には，重複障害を有する児童・生徒が多数在籍しているため，多様な障害の種類や状態等に応じた指導や支援の必要性が高く，教員は，これまで以上に障害を有する者に対する教育的配慮について理解する必要がある時期に来ているといっても過言ではない。

⑵　特別支援学校小学部・中学部学習指導要領の改訂

平成28年答申を踏まえ，2017（平成29）年４月に特別支援学校小学部・中学部学習指導要領が公示された。小学部学習指導要領は2020（令和２）年４月１日から，中学部学習指導要領は2021（令和３）年４月１日から全面実施になっている。

平成29年版特別支援学校小学部・中学部学習指導要領での改訂の主たる点は，第一に，総則の構成の変化である。2008（平成20）年版特別支援学校小学部・中学部学習指導要領の総則は，第１節「教育目標」，第２節「教育課程の編成」で構成されていたが，平成29年版の総則は，第１節「教育目標」，第２節「小学部及び中学部における教育の基本と教育課程の役割」，第３節「教育課程の編成」，第４節「教育課程の実施と学習評価」，第５節「児童又は生徒の調和的な発達の支援」，第６節「学校運営上の留意事項」，第７節「道徳教育に関する配慮事項」，第８節「重複障害者等に関する教育課程の取扱い」の８節構成となっている。

第二に，「学びの連続性を重視した対応」が打ち出された点である。この学びの連続性とは，障害を有する子どもたちが学びの場を柔軟に選択できる状況を踏まえ，特別支援学校の教育課程と幼稚園，小・中・高等学校の教育課程とを連続させることを意味している。

具体的には，平成29年版特別支援学校小学部・中学部学習指導要領総則第8節にある「重複障害者等に関する教育課程の取扱い」において，学びの連続性を確保する視点から，基本的な考え方が明示された。また，知的障害者である子どもの各教科等の目標や内容の整理においては，各学部や各段階，幼稚園や小・中学校の各教科等との繋がりに留意し，以下の点の記載を充実したとしている（文部科学省『特別支援学校教育要領・学習指導要領解説　総則編（幼稚部・小学部・中学部）』2018〈平成30〉年3月，9-10頁）。

- 小・中学部の各段階に目標を設定した*5。
- 中学部に2段階を新設し，段階ごとの内容を充実した。
- 小学部の教育課程に外国語活動を設けることができることを規定した。
- 小学部の子供のうち小学部の3段階に示す各教科又は外国語活動の内容を習得し目標を達成している者，また，中学部の子供のうち中学部の2段階に示す各教科の内容を習得し目標を達成している者については，子供が就学する学部に相当する学校段階までの小学校学習指導要領又は中学校学習指導要領における各教科等の目標及び内容の一部を取り入れることができるよう規定した。

（注は筆者が加筆）

第三に，「子供の障害の重度・重複化，多様化」に関して，「一人一人の障害の状態等に応じた指導の充実」が図られた点である。具体的には，「視覚障害者，聴覚障害者，肢体不自由者及び病弱者である子供に対する教育を行う特別支援学校における各教科の内容の取扱いについて，障害の特性等に応じた指導上の配慮事項」と，「発達障害を含む多様な障害に応じた自立活動の指導を充実するため，その内容として，『障害の特性の理解と生活環境の調整に関すること』を示すなどの改善を図るとともに，個別の指導計画の作成に当たっての配慮事項」の充実が図られた。

第四に，「社会の急速な変化と卒業後を見据えた教育課程の在り方」に関して，「自立と社会参加に向けた教育の充実」が行われた点である。具体的には，①「卒業までに育成を目指す資質・能力を育む観点からカリキュラム・マネジメントを計画的・組織的に行うことを規定した」こと，②「幼稚部，小学部，中学部段階からのキャリア教育の充実を図ることを規定した」こと，③「生涯を通して主体的に学んだり，スポーツや文化に親しんだりして，自らの人生をよりよくしていく態度を育成することを規定した」こと，④「知的障害者である子供のための各教科の目標及び内容について，育成を目指す資質・能力の視点から充実」を図ったことがあげられる。

⑶　特別支援学校高等部学習指導要領の改訂

2019（平成31）年，小・中学部より２年遅れで特別支援学校高等部学習指導要領が公示された。2022（令和４）年度入学生から年次進行で実施されることとなる。

平成31年版特別支援学校高等部学習指導要領は，小学部・中学部の学習指導要領とは異なり，総則の構成は従来通り，第１節「教育目標」，第２節「教育課程の編成」となっている。

2019（平成31）年改訂での教育内容等の主たる改善事項としては，第一に，平成29年版特別支援学校小学部・中学部学習指導要領と同様に「学びの連続性を重視した対応」が図られている点である。平成31年版特別支援学校高等部学習指導要領では，総則の第2節教育課程の編成，第8款重複障害者等に関する教育課程の取扱いにおいて，生徒の学びの連続性を確保する視点から，例えば以下のように示されている。

・高等部の各教科・科目（知的障害者である生徒に対する教育を行う特別支援学校においては各教科。）の目標及び内容の一部を，当該各教科・科目に相当する中学部又は小学部の各教科の目標及び内容に関する事項の一部によって，替えることができること。
・視覚障害者，聴覚障害者，肢体不自由者又は病弱者である生徒に対する教育を行う特別支援学校の外国語科に属する科目及び知的障害者である生徒に対する教育を行う特別支援学校の外国語科については，小学部・中学部学習指導要領に示す外国語活動の目標及び内容の一部を取り入れることができること。

この他，平成31年版特別支援学校高等部学習指導要領総則の第2節教育課程の編成，第8款重複障害者等に関する教育課程の取扱いでは，「知的障害者である生徒に対する教育を行う特別支援学校の高等部に就学する生徒のうち，高等部の2段階に示す各教科の内容を習得し目標を達成している者については，高等学校学習指導要領第2章に示す各教科・科目，中学校学習指導要領第2章に示す各教科又は小学校学習指導要領第2章に示す各教科及び第4章に示す外国語活動の目標及び内容の一部を取り入れることができるものとする。また，主として専門学科において開設される各教科の内容を習得し目標を達成している者については，高等学校学習指導要領第

３章に示す各教科・科目の目標及び内容の一部を取り入れることができるものとする」という記載になった。

第二に，平成29年版特別支援学校小学部・中学部学習指導要領と同様に，「自立と社会参加に向けた教育の充実」が図られた点である。具体的な改善点について取り上げてみると，例えば平成31年版特別支援学校高等部学習指導要領総則第５款生徒の調和的な発達の支援において，「生徒が，学ぶことと自己の将来とのつながりを見通しながら，社会的・職業的自立に向けて必要な基盤となる資質・能力を身に付けていくことができるよう，特別活動を要としつつ各教科・科目等又は各教科等の特質に応じて，キャリア教育の充実を図ること。その中で，生徒が自己の在り方生き方を考え主体的に進路を選択することができるよう，学校の教育活動全体を通じ，組織的かつ計画的な進路指導を行うこと。その際，家庭及び地域や福祉，労働等の業務を行う関係機関との連携を十分に図ること」が示されている。

また，視覚障害者，聴覚障害者，肢体不自由者及び病弱者である生徒に対する教育を行う特別支援学校においては，平成30年版高等学校学習指導要領に示す各教科・科目等の目標と内容に準ずるとともに，障害の特性等に応じた指導上の配慮が充実した。知的障害者である生徒のための各教科については，内容等の充実が図られている。この点，文部科学省によれば，以下のように整理されている。

〈障害の特性等に応じた指導上の配慮例〉
【視覚障害】空間や時間の概念を活用した場の状況や活動の過程等の把握
【聴覚障害】音声，文字，手話，指文字等を活用した意思の相互伝達の充実
【肢体不自由】体験的な活動を通した的確な言語概念等の形成

【病弱】間接体験，疑似体験，仮想体験等を取り入れた指導方法の工夫

〈知的障害者である生徒のための各教科についての内容例〉

国語：資料を活用して自分の考えを表現

社会：社会参加ときまり，我が国の国土の様子と国民生活

数学：データの活用

家庭：消費生活・環境　など

出典）文部科学省「特別支援学校高等部学習指導要領の改訂のポイント」を基に作成

さらに，平成31年版特別支援学校高等部学習指導要領総則第5款生徒の調和的な発達の支援において，「生徒が，学校教育を通じて身に付けた知識及び技能を活用し，もてる能力を最大限伸ばすことができるよう，生涯学習への意欲を高めるとともに，社会教育その他様々な学習機会に関する情報の提供に努めること。また，生涯を通じてスポーツや文化芸術活動に親しみ，豊かな生活を営むことができるよう，地域のスポーツ団体，文化芸術団体及び障害者福祉団体等と連携し，多様なスポーツや文化芸術活動を体験することができるよう配慮すること」が規定されている*6。

おわりに

本章では，特別支援学校の学習指導要領の改訂の主たる内容について整理してきた。学校関係者は，特別支援教育の対象となる児童・生徒が増加傾向にあるとされている中，平成29年版特別支援学校小学部・中学部学習指導要領，平成31年版特別支援学校高等部学習指導要領において目指す方向性として打ち出された，「学びの連続性の重視」と「自立と社会参加に向けた教育の充実」の意義について，適宜理解しておくことが必要となろう。

考えよう！

1　特別支援教育における学びの連続性とは，どのようなものと考えればよいだろうか。

2　平成31年版では，障害を有する生徒が自立し社会参加ができるよう，具体的にどのようなことが示されただろうか。

〈註〉

＊１　学校教育法75条において，同法72条に規定する視覚障害者，聴覚障害者，知的障害者，肢体不自由者又は病弱者の障害の程度は，政令で定めることとされている。ここで言う政令に当たる学校教育法施行令において，各障害の程度が規定されている（22条の３）。

＊２　学校教育法76条１項但書において，「ただし，特別の必要のある場合においては，そのいずれかのみを置くことができる」とされている。

＊３　文部科学省『特別支援学校教育要領・学習指導要領解説　総則編（幼稚部・小学部・中学部）』（2018年３月）４頁。

＊４　前掲註３，２頁。

＊５　知的機能の障害の障害が同一学年であっても個人差は大きく，学習状況は異なるため，段階別に内容が示されている。

＊６　なお，平成29年版特別支援学校小学部・中学部学習指導要領及び平成31年版特別支援学校高等部学習指導要領では，他の校種と同様に前文が付されることとなった。前文に記載されている内容については第６章，第７章を参照されたい。また，平成31年版特別支援学校高等部学習指導要領では，「総合的な学習の時間」が「総合的な探究の時間」へと名称変更がなされている。改訂の目的については，第８章を参照されたい。

〈参考文献〉

・全日本特別支援教育研究連盟編著『平成29年版特別支援学校新学習指導要領ポイント総整理　特別支援教育』東洋館出版社（2018年）
・宮﨑英憲監修，横倉久編著『平成31年版学習指導要領改訂のポイント高等部・高等学校　特別支援教育』明治図書出版（2019年）

第10章 教科・領域を横断した教育とカリキュラム・マネジメント

高木　加奈絵

はじめに

2017・2018（平成29・30）年の学習指導要領（以下，「平成29・30年版学習指導要領」）の改訂にあたって，教育課程との関わりのなかで「カリキュラム・マネジメント」に注目が集まっている。一見すると何のことやらわかりにくいのだが，どうやら今後の学校経営や，学校での学びを大きく変える可能性がある，重要なものらしい。

そこで本章では，まず，このカリキュラム・マネジメントとは何なのかを，平成29・30年版の学習指導要領改訂の方向性を打ち出した2016（平成28）年の中央教育審議会（以下，中教審とする）答申や，学習指導要領の文言から確認していく（第1節）。そのうえで，カリキュラム・マネジメントが学校経営や他の教科・領域といかなる関係にあるのかを考え（第2節），カリキュラム・マネジメントが様々な論者によってどのような評価がなされているのか（第3節）を紹介していく。

第1節　カリキュラム・マネジメントとは何か

行政文書においてカリキュラム・マネジメント*[1]の重要性がはじめて指摘されたのは，2003（平成15）年の中教審答申であった。その後，平成29・30年版学習指導要領の改訂に向けた2016（平成28）年12月21日の中教審答申で，このカリキュラム・マネジメントは大きく取り上げられ，学習指導要領にも盛り込まれた。

しかし，このカリキュラム・マネジメントという言葉は，論者によって定義が様々である*2。では，行政文書において，カリキュラム・マネジメントはいかに定義されているのか。平成29・30年版学習指導要領の改訂に大きな影響を与えた，2016（平成28）年12月21日の中教審答申を見ると，以下のように示されている。

> …〔前略〕…改めて言うまでもなく，教育課程とは，学校教育の目的や目標を達成するために，教育の内容を子供の心身の発達に応じ，授業時数との関連において総合的に組織した学校の教育計画であり，その編成主体は各学校である。各学校には，①学習指導要領等を受け止めつつ，子供たちの姿や地域の実情等を踏まえて，②各学校が設定する学校教育目標を実現するために，学習指導要領等に基づき教育課程を編成し，③それを実施・評価し改善していくことが求められる。これが，いわゆる「カリキュラム・マネジメント」である。

（下線，数字は筆者が加筆）

この文言（特に下線部）からは，①学習指導要領等に基づきながら，子供や地域の実情を踏まえて，②各学校が設定する学校教育目標を実現するために教育課程を編成し，③それを実施・評価し改善していく営為が，カリキュラム・マネジメントであると定義されていることがわかる。つまりカリキュラム・マネジメントというのは，単に教育課程を編成することではなく，学校教育目標と教育課程編成，学校での様々な評価と教育課程編成などの，学校経営的活動と教育課程編成を結び付けて行われる活動のことを指すことになる。

しかしこの定義では，まだカリキュラム・マネジメントなるもののイメージがわきづらい。そこで，もう少しこの中教審答申の中身を読み進めてみよう。中教審答申では，このカリキュラム・マネジメントの定義や重要性が述べられた後に，カリキュラム・マネジメントの三つの側面が以下のように述べられていた。

①各教科等の教育内容を相互の関係で捉え，学校教育目標を踏まえた教科等横断的な視点で，その目標の達成に必要な教育の内容を組織的に配列していくこと。
②教育内容の質の向上に向けて，子供たちの姿や地域の現状等に関する調査や各種データ等に基づき，教育課程を編成し，実施し，評価して改善を図る一連のPDCAサイクルを確立すること。
③教育内容と，教育活動に必要な人的・物的資源等を，地域等の外部の資源も含めて活用しながら効果的に組み合わせること。

①からは，学校教育目標を実現するための手段として，「教科等横断的」な視点で教育課程編成が行われる必要性が強調されていることが読み取れる。②からは，教育課程編成やその実施，評価を，PDCAサイクルという方法を用いて行う必要性が述べられている（第2節で詳述する）。そして③では，①，②の事柄を実現する人的・物的資源（リソース）は，学校内のものだけではなく，地域などの学校外のものも活用する必要性が述べられていることがわかる。

こうしたことから，カリキュラム・マネジメントにとって重要なことは，学校経営と教育課程を結び付けるとともに，そのために必要な資源を学校の外部にも求めるということだとわかる。

この中教審答申をもとにして作られた平成29年版小学校学習指

導要領総則では，カリキュラム・マネジメントは次のように定義された。

> 各学校においては，①児童や学校，地域の実態を適切に把握し，教育の目的や目標の実現に必要な教育の内容等を教科等横断的な視点で組み立てていくこと，②教育課程の実施状況を評価してその改善を図っていくこと，③教育課程の実施に必要な人的又は物的な体制を確保するとともにその改善を図っていくことなどを通して，教育課程に基づき**組織的かつ計画的に各学校の教育活動の質の向上を図っていくこと**（以下「カリキュラム・マネジメント」という。）に努めるものとする。

（下線，数字，太字は筆者が加筆）

実際の学習指導要領の文言では，太字の部分を見るとわかるように，カリキュラム・マネジメントの目的が，各学校の教育活動の「質の向上」を目指して行われるものであることが明記された。そして教育課程を編成する際に，①～③の三つの側面を重視して行うように規定されたことが見て取れる。

ところでこの三つの側面うち，②と③を重視してカリキュラム・マネジメントを進める必要があることは，ある程度想像がつくのだが，なぜ①の側面も強調されているのだろうか。このことについては『小学校学習指導要領（平成29年告示）解説　総則編』（2017〈平成29〉年7月）からうかがい知ることができる。

> （ア）教育の目的や目標の実現に必要な教育の内容等を教科等横断的な視点で組み立てていくこと
> …〔前略〕…その際，今回の改訂では，「生きる力」の育成と

いう教育の目標が教育課程の編成により具体化され，よりよい社会と幸福な人生を切り拓（ひら）くために必要な資質・能力が児童一人一人に育まれるようにすることを目指しており，「何を学ぶか」という教育の内容を選択して組織していくことと同時に，その内容を学ぶことで児童が「何ができるようになるか」という，育成を目指す資質・能力を指導のねらいとして明確に設定していくことが求められていることに留意が必要である。

この文言からは，平成29・30年版学習指導要領の改訂にあたって強調されている「教科等横断的」な教育課程編成の根底にある，学力観や学習観の変化が見て取れる。つまり，今までの学習で重視されてきた各教科を通して「何を学ぶか」も重要であるが，これからの時代は各教科を通して「何ができるようになるか」も重要である。そのためには様々な教科の知識等を組み合わせた「教科等横断的」な学びが必要なのだ，ということであろう。

このようにして見てみると，文部科学省の考えるカリキュラム・マネジメントというのは，学校の教育活動で「何ができるようになるか」を中心に据えて学校教育目標の設定や教育課程編成を行い，教育活動を実践，評価，改善していく一連のプロセスのことを指す，と解釈できよう。

第2節　カリキュラム・マネジメントと関連が深い事項

第1節で見てきたように，カリキュラム・マネジメントは教育課程の編成や実施だけでなく，評価や改善を志向している点で学校経営とも密接な関連がある。さらに，「教科等横断的」な学習を重点に置いていることからもわかるように，「総合的な学習の時間」とも密接なかかわりを持っている。そこで本節では，カリキュラム・

マネジメントとかかわりが深い事項として，⑴PDCAサイクル，⑵学校評価，⑶総合的な学習の時間，とカリキュラム・マネジメントの関連を概説する。

⑴　カリキュラム・マネジメントとPDCAサイクル

2016（平成28）年に発表された中教審答申でも述べられているように，カリキュラム・マネジメントはPDCAサイクルと密接な関係を持っている。PDCAサイクルとは，もともとは企業の経営管理手法であり，Plan（計画），Do（実行），Check（評価），Action（改善）を繰り返すことで業務改善を行おうとする手法である。

このPDCAサイクルがカリキュラム・マネジメントと密接な関係をもつのは，カリキュラム・マネジメントが教育課程の編成や実施だけではなく，評価や改善という一連のプロセスを指す営みであるためである。なお，WEBで「文部科学省　PDCAサイクル」を検索してみると，文部科学省ではカリキュラム・マネジメントの他にも，全国学力・学習状況調査や学校と地域との連携に関する取組などにもPDCAサイクルを活用しようとしていることが見て取れる。こうした一連の教育活動に関わる事柄が，PDCAサイクルを活用した形で学校現場に一連の教育評価の連鎖をもたらすことになろう。

では具体的に，カリキュラム・マネジメントが導入された場合，学校はどのようなシステムとして機能することになるのか。このことについて，文部科学省は明確なモデルを提示していないが，文部科学省の政策決定にとって重要な研究団体である国立教育政策研究所の報告書などでは，様々な学者が，カリキュラム・マネジメントとPDCAサイクルの連関についてのモデルを提示している。

例えば田村（2019）は，量的・質的研究を通して，カリキュラム・マネジメントが学校に導入された場合のモデルを作成している

(田村2019，48-54頁)。このモデルによれば，学習指導要領等をもとに具体的な「教育目標」が作成され，その教育目標を実現するための手段として，教育課程（ここではカリキュラムと表記されている）が編成されるとともに，PDCAサイクルを用いて，教育課程全体や各単元，各授業の評価が行われていくことになる。また，こうした「カリキュラムのPDCA」は，学校の「組織構造」（ハード面）と「学校の組織文化」（ソフト面）とも相互関係を持ちながら，校長や教頭（副校長）等の「リーダー」がリーダーシップを発揮し，動いていくことになる。

まさに，カリキュラムを用いて，学校をマネジメントしていくという発想が，このモデルからは読み取れよう。

このほかにも，独立行政法人教職員支援機構が，文部科学省のいうカリキュラム・マネジメントとPDCAサイクルの連関について解説をしている。そのなかでも，髙木の解説やモデルは，明示的ではないがカリキュラム・マネジメントとPDCAサイクルによる，一連の教育評価の連鎖が示されているので，是非参照してみてほしい*3。

(2) カリキュラム・マネジメントと学校評価

学校評価とは，学校教育法42条に法的根拠をもつものである。学校評価には自己評価，保護者など学校関係者による評価，第三者評価の３種類の評価があり，学校自己評価の実施・公表は義務，学校関係者評価の実施・公表は努力義務となっている（学校教育法施行規則66条，67条，68条)。第三者評価は，法令上に何ら存在するものではなく，文部科学省が発表した『学校評価ガイドライン』に記載されているものである。この学校評価もPDCAサイクルに基づく学校運営手法がその発想の根底にある。

なお，平成29年版小学校学習指導要領総則には，カリキュラム・マネジメントと学校評価との関係が以下のように書かれている。

各学校においては，校長の方針の下に，校務分掌に基づき教職員が適切に役割を分担しつつ，相互に連携しながら，各学校の特色を生かしたカリキュラム・マネジメントを行うよう努めるものとする。また，各学校が行う学校評価については，教育課程の編成，実施，改善が教育活動や学校運営の中核となることを踏まえ，カリキュラム・マネジメントと関連付けながら実施するよう留意するものとする。

この文言によれば，「各学校の特色」を生かしたカリキュラム・マネジメントを行うとともに，学校での教育活動や学校運営の中心が教育課程の編成，実施，改善の中核なのだから，学校評価とカリキュラム・マネジメントを結びつけようということになる。

現在の学校自己評価では，教育課程・学習指導に関する項目を設定している学校が，国公私立すべて合わせて97.1%であるため*4，カリキュラム・マネジメントが導入されたからといって，即座に学校評価に関しての業務量が大幅に増えるというわけではないだろうが，学校がPDCAサイクルに基づく“評価づくし”になることは十分予想される。

(3)　カリキュラム・マネジメントと「総合的な学習の時間」

カリキュラム・マネジメントが明確に打ち出された平成29・30年版学習指導要領においては，先にも見たように「教科等横断的な学習」という視点が前面に押し出された構成となっているが，この「教科等横断的な学習」というのはなにも最近になって急に始まったものではない。1998（平成10）年の学習指導要領改訂の際に導入された，「総合的な学習の時間」は，まさにこうした「教科等横断的な学習」を目指して新設されたものであったからである（第

5章)。この「総合的な学習の時間」は，カリキュラム・マネジメントの要となる可能性がある。

この点，平成29年版小学校学習指導要領によれば，「総合的な学習の時間」とカリキュラム・マネジメントの関係について，次のように明示されている。

「総合的な学習の時間」では，「探究的な見方・考え方を働かせ，横断的・総合的な学習を行うことを通して，よりよく課題を解決し，自己の生き方を考えていくための資質・能力」を育成することが目標となっている。こうした資質・能力を育成するために，「総合的な学習の時間」では，自ら課題を立て，情報を集め，整理・分析して，まとめ・表現するという，全ての教科・領域の知識や技能等を用いた「教科等横断的」な学習が求められる。

そのため，「総合的な学習の時間」については，その計画段階から，「管理職のみならず全ての教職員がカリキュラム・マネジメントの必要性を理解し，日々の授業等についても，教育課程全体の中での位置付けを意識しながら取り組む必要がある」とされる*5。さらに「総合的な学習の時間」の評価をする上で，保護者や地域住民等に直接説明することで，「総合的な学習の時間」への理解を促進させ，協力してもらうことが求められている。

第3節　カリキュラム・マネジメントに対する様々な評価

今まで見てきたように，カリキュラム・マネジメントは学校での教育活動や学校経営を大きく変えうるものである。しかし，実はこのカリキュラム・マネジメントの原型は，教育経営学や学校経営研究のなかではずいぶん昔から形成され，議論されてきた。その源流は，高野桂一の教育課程経営論に求められることが多く，その後，中留武昭や天笠茂がこの枠組みを批判的・発展的に継承し，研究を行ってきたのが，研究の世界での「カリキュラムマネジメント研究」へとつながってきたわけである。

そのため，こうした論者からは，教育行政が「カリキュラム・マネジメント」という言葉を行政用語として用い，展開しようとすることについて，歓迎する向きもあれば，やや懐疑的な見方をする向きもある。歓迎する向きについては，想像がつくと思われるので，懐疑的な論者の意見を紹介しておこう。

植田・首藤（2019）は，カリキュラム・マネジメントが各学校で行われる際に，「総合的な学習の時間」や特別活動などの教科外活動と，各教科とでは，かなりレベルの違うものとなるということを指摘している。すなわち，各教科には法的拘束力を持った学習指導要領が，大綱的な基準となったとはいえ存在しており（第11章を参照），各教科においては実質的にカリキュラム・マネジメントを行うことのできる裁量が低いのに対し，「総合的な学習の時間」などの教科外活動では，その内容をゼロから組み立てることが可能であるため，裁量の幅が相対的に大きい，ということである。実際にカリキュラム・マネジメントが機能しうるのは，「総合的な学習の時間」や特別活動に過ぎないのだという指摘であろう。

また，末松（2019）はカリキュラム・マネジメントの台頭は，新自由主義の影響で存在意義を失いつつある現代の官僚制が生き延びる戦略の一端の現れであるという指摘をしている。新自由主義とは，公共部門の経営状況を改善するために，市場のように競争や評価・監査システムを利用しようとする考え方である。末松によれば，カリキュラム・マネジメントの導入は，官僚制が新自由主義に基づく改革を進めているというアピールとして行われているということになろう。

さらに，カリキュラム・マネジメントを動かすためのドライブであるPDCAサイクルについては，多くの論者からその実現可能性や妥当性に疑問符がつけられている。先にも述べた末松（2019）

は，PDCA的発想を学校に持ち込むことはそれなりの意義があったとしても，それによって学校の全てを語れるように語ってしまうことには問題があると指摘している。また，勝野（2016）はこうした「目標→評価→賞罰」という成果主義的サイクルが，「テストのための授業teaching to the test」のような「意図せざる結果」をもたらしうることを，イギリスの事例を基に述べている（勝野2016，226-228頁）。

カリキュラム・マネジメントが実際に学校現場でどのように機能しうるのか，それとも機能しないのかについては，今後の研究が待たれよう。

考えよう！

1 カリキュラム・マネジメントにおいて，人的・物的資源（リソース）は，学校内のものだけでなく，地域などの学校外のものも活用する必要性が述べられている。地域などの学校外の人的・物的資源とはどのようなものがあるか考えてみよう。

2 学習指導要領に「カリキュラム・マネジメント」を導入することに対して，歓迎する向きもあれば，やや懐疑的な見方をする向きもあることを紹介した。なぜ「やや懐疑的な見方」をしているのだろうか。本文中で紹介されている文章を参考に，理由を考えてみよう。

〈註〉

＊1 行政文書などでは「カリキュラム・マネジメント」と表記され，学者がこの文言を使う際には，「カリキュラムマネジメント」と，「・」の無い表記を用いているようである。学者が「・」の無い表記を用いるのは，カリキュラムとマネジメントの一体性を強調するためのようである。ここでは行政文書の検討を中心としているため，筆者が用いる際には「カリキュラム・マネジメント」と表記した。

＊2 例えば，田村（2016，42頁）は「学校の教育目標をよりよく達成

するために，組織としてカリキュラムを創り，動かし，変えていく，継続的かつ発展的な，課題解決の営み」と定義づけており，天笠（2013，24頁）は「学校教育目標の実現に向けて，カリキュラムを編成・実施・評価し，改善を図る一連のサイクルを計画的・組織的に推進して行く考え方であり手法」と定義している。

＊3　独立行政法人教職員支援機構HP「校内研修シリーズNo54　カリキュラム・マネジメント―新学習指導要領とこれからの授業づくり―」https://www.nits.go.jp/materials/intramural/054.html（2019年12月25日最終アクセス）。

＊4　文部科学省HP「学校評価等実施状況調査（平成26年度間調査結果）」https://www.mext.go.jp/a_menu/shotou/gakko-hyoka/1369130.htm（2020年3月16日最終アクセス）

＊5　文部科学省『小学校学習指導要領（平成29年告示）解説　総合的な学習の時間編』（2017年7月）128頁。

〈参考文献〉

・天笠茂『カリキュラムを基盤とする学校経営』ぎょうせい（2013年）
・植田健男・首藤隆介「今次学習指導要領改訂の教育課程経営論的検討」日本教育経営学会編『カリキュラムと教育経営』日本教育経営学会紀要　第61号，第一法規（2019年）13-22頁
・末松裕基「官僚支配のための「カリキュラム・マネジメント」を脱し，教育の理想と現実の方へ―教育経営学がカリキュラムを論じる可能性はどこにあるか―」日本教育経営学会編『カリキュラムと教育経営』日本教育経営学会紀要　第61号，第一法規（2019年）47-60頁
・田村知子編『実践・カリキュラムマネジメント』ぎょうせい（2011年）
・田村知子「教育課程行政からカリキュラム・マネジメントへ」金馬国晴編『カリキュラム・マネジメントと教育課程』学文社（2019年）42-50頁
・勝野正章「学校評価と学校改善」小川正人・勝野正章編『改訂版　教育行政と学校経営』放送大学教育振興会（2016年）220-233頁

コラム2　教育課程や指導計画の立て方【小学校】

三吉　和恵

本稿では，「教科・領域を横断した教育」の教育活動を紹介する。なお，紹介する教育活動は，前任校におけるものである。

1．国語科（10月：5学年「注文の多い料理店」宮沢賢治）

［関連教科：社会科・総合的な学習の時間］

児童の意欲的な学びの姿を求め，国語科では，全単元において，言語活動を設定した。同時に，つけたい力を重点化し，確実に身につけさせる。本単元では，単元と並行して，宮沢賢治の他の作品も読み，面白さを解説する言語活動「ビブリオバトル」を設定する。そして，読み取ったことを物語の表現や構成の面白さの視点でまとめることを通して，C 読むこと（文部科学省『小学校学習指導要領〈平成29年告示〉解説国語編』（2017年7月））の定着を図る。

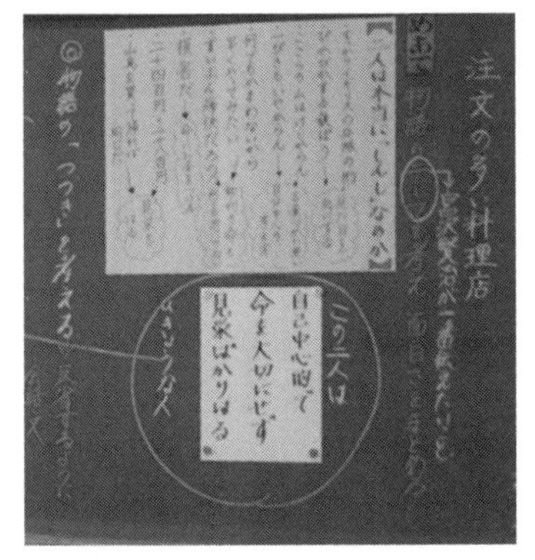

つけたい力を明確にした板書

ここで身につけた6学年の基盤となる読む力は，5学年の社会科「自動車をつくる工業」で働く人々の思いを読み取ること，総合的な学習の時間「米を育てよう」で米作りへの思いを効果的に表現すること，2月：国語科「大造じいさんとがん（読む）」で情景描写から人物の心情を考えることに繋がる。読む力は，国語科から他教科へ広がり，国語科に戻るという形でスパイラルに身につくのである。

2．総合的な学習の時間（9～1月：4学年「よみがえれ！　河内和紙」）

［関連教科：国語科］

河内和紙は，地域が守り続けている伝統産業である。河内和紙プロジェクト「あおいの会」を講師として迎え，河内和紙の歴史，和紙づくりについて学び，発表会を通して，地域に積極的に関わろうとする態度を育てる。この活動には，11月：国語科「お願いやお礼の手紙を書こう（書く）」，12月：国語科「目的に合わせて書こう（書く）」「報告します　みんなの生活（聞く・話す）」を関連させる。

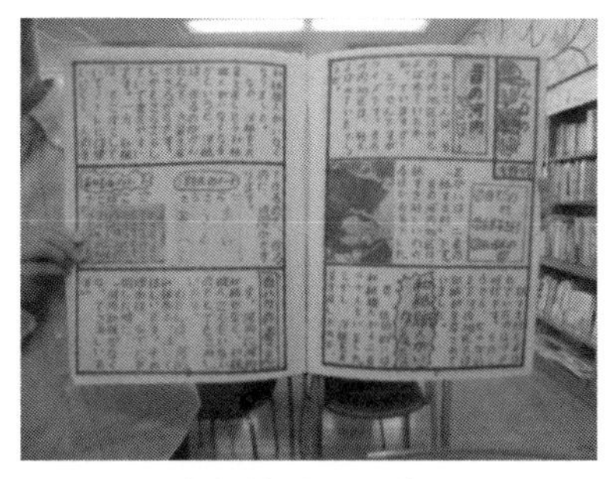

河内和紙づくりブック

３．学校行事（２月：全学年「彩の森ふれあいまつり」）

［関連教科：国語科・社会科・理科・特別活動・特別の教科　道徳］

この学校行事は，読書に関する全校集会である。読書に対する意欲を高めることと，縦割りグループで各学年が主催するゲームやプレゼンテーションなどに参加することを通して，互いを理解し思いやる気持ちを育てることをねらいとしている。

彩の森ふれあいまつり

２学年の「おもちゃ教室」には，９月：生活科「うごくうごく　わたしのおもちゃ」でのおもちゃ作り，１月：国語科「『おもちゃ教室』をひらこう（話す・聞く）」でのおもちゃ作りの説明の仕方の学習を関連させる。更に，道徳「身近にいる人々に温かい心で接し，親切にし，助け合う」，特別活動「集団における自己の役割を考え望ましい行動をしている」とも関連を図る。行事は，子どもが力をつける最大の場となる。

小学校では，「分かった！」「次は，こんなことがしたい！」という声と笑顔があふれる子どもを育てていきたい。そのため，教師には，カリキュラム・マネジメントの視点に立ち，全ての教育活動が繋がっていることを意識し，その基本となる日々の授業づくりを積み重ねてほしい。

コラム3　教育課程や指導計画の立て方【中学校】

杉村　朗

1．中学校におけるカリキュラム・マネジメント

中学校では基本的に教科担任制をとっている。そのため従前は，とかく教科内で指導計画は作成するものの，他教科との関連については考えなくても指導の完結が可能なため，意図してすべての教科を俯瞰して見るということはなかった。

しかし，平成29年版学習指導要領総則では，学校全体として，生徒の実態を適切に把握し，教育内容や時間の配分，必要な人的・物的体制の確保，教育課程の実施状況に基づく改善などを通して，教育活動の質を向上させ，学習効果の最大化を図るためのカリキュラム・マネジメントが重要であると示している。その中核となるのがPDCAサイクルの確立であり，学校の教育課程がどのような目標を掲げ，生徒にどのような資質・能力を身につけさせようとしているのかを吟味するところから始めることがポイントである。

2．総合的な学習の時間を中核に各教科との関連を考えてみる

「総合的な学習の時間」こそ各教科で学んだことを生かし，生徒の実態を踏まえて「つけさせたい力」を明確に，体験を交えた学習ができる場である。多くの中学校では，３年間にわたる指導計画（年間計画）を中心に配列した「総合的な学習の時間」，特別活動における体験を交えた学習活動の計画を作成し，これに各教科の年間指導計画を配列したものを並べている。

各教科で関連できそうな箇所が浮かび，それらを繋いで単元配列表を作成すれば，教科等横断的な指導を行う手立てが見えてくる。この際，敢えて複雑に，また無理に結びつける必要はなく，俯瞰して見れば繋がりは自ずと見えてくる。場合によっては単元を少し組み替えてもよい。「特別の教科　道徳」についても関連した内容項目を配置し，単元配列表をもとに教職員で共通理解を図り，自己の教科の指導に生かす。より探究的な学びに高めるため，毎年検証をかけて精度を上げていけば，育てたい生徒像の達成に繋がっていく。

３．具体的なカリキュラム・マネジメントの一例

前任校では「伝統文化」を「総合的な学習の時間」の柱に据えていた。１年生は「衣」，２年生は「食」，３年生は「住」の伝統文化について探究的に学習する。地域には全国的にも有名な「狂言」が受け継がれており，体験的な学習と各教科の学習を関連づけた単元配列図を作成している。特に，芸能である狂言の運営に携わっている方がおられるため，狂言堂での鑑賞の機会や，狂言伝承に関する映像を鑑賞する機会をいただいているし，京友禅の職人さんや京野菜に詳しい方もおられるため，こうした人的リソースを生かしつつ，「総合的な学習の時間」とともに，各教科や道徳の横断的カリキュラムを組んでいる。

例えば，狂言であれば国語科（狂言の内容）はもちろん，社会科（文化史），美術科（舞台背景），家庭科（衣装）等で学習するとともに，道徳（郷土愛）とも併せた学習を行うことにより，「地域の伝統についてもっと追究してみたい」「地域を知り課題解決に貢献したい」という主体的に学ぼうとする意欲を育てている。地域柄，こうした学習を支援してくださる方が多く，また学んだことを分析・吟味・整理し，ポスター発表会を行う等の取り組みを通して，言語活動の充実にも繋げている。

４．人的・物的体制の確保が難しい際のマネジメント

また，勤務校においては，地域の人的リソースが少ないケースもあった。こういう場合，特別活動を中核に据えるのも良いし，「総合的な学習の時間」で人的ネットワークを広げるならば公的機関を活用すると良い。私は，「総合的な学習の時間」を防災学習として立ち上げ，市の防災センターでの体験や震災レスキュー隊経験の方の講話等も踏まえ，理科（地震波），社会科（自然災害），保健体育科（救命法），道徳（生命の尊重）等の教科等横断的なカリキュラムを構築した。

体験も交えたこれらの学習に全面的に協力してくださったのは，地域の消防署や消防団の方々であった。そして学習の成果として，地域を舞台とした「防災劇」を創り発表した。この取り組みでも脚本を作り創作劇を演出するという言語活動につながったことは言うまでもない。そして生徒全員が「普通救命講習」も習得した。市区町村役場や社会福祉協議会等との連携も一つだ。いずれにせよ生徒の実態把握と，つけさせたい力だけは忘れてはならない。

コラム4 教育課程や指導計画の立て方【特別支援学校】

牛丸　幸貴

1．特別支援学校の教育課程について

特別支援学校では，第9章で紹介されているように，障害を有する子ども一人ひとりの教育的ニーズに対応するため，特別な教育課程が編成される。こうした教育課程を編成する上で，重要な視点の一つが「自立活動」である。

自立活動とは，「個々の児童又は生徒が自立を目指し，障害による学習上又は生活上の困難を主体的に改善・克服するために必要な知識，技能，態度及び習慣を養い，もって心身の調和的発達の基盤を培う」ことを目的とした指導領域である（2017〈平成29〉年版特別支援学校小学部・中学部学習指導要領）。特別支援学校に在籍する子どもたちは，それぞれの障害の特性や発達の段階によって，様々なつまずきや困難等が生じる場合が少なくない。そのため，各教科等の他に，自立活動を教育課程に位置付け，子どもたちの「心身の調和的発達」の基盤を育成する。

自立活動の内容は，6区分27項目で構成されている。自立活動は各教科等と密接に関連していることから，学校の教育活動全体を通じて指導・支援が行われる。

2．特別支援学校の指導計画について

特別支援学校では，自立活動の内容等を踏まえ，「個別の教育支援計画」と「個別の指導計画」が作成される。

まず，「個別の教育支援計画」とは，「学校生活だけでなく家庭生活や地域での生活を含め，長期的な視点で幼児期から学校卒業後までの一貫した支援を行う」ための計画である（文部科学省『特別支援学校教育要領・学習指導要領解説　総則編（幼稚部・小学部・中学部）』2018〈平成30〉年3月）。「個別の教育支援計画」を作成することで，生涯にわたって継続的な支援を行うことができる。

「個別の教育支援計画」の作成にあたっては，本人や保護者から「現在や将来の願い」，「得意なこと，好きなこと」，「支援の方向性や目標」等の意見を十分に聴き取ることが重要である。また，医療や福祉，労働

等の関係機関と連携を図ることが不可欠である。

次に，「個別の指導計画」とは，「一人一人の指導目標，指導内容及び指導方法を明確にして，きめ細やかに指導するために作成する」計画である（文部科学省『特別支援学校教育要領・学習指導要領解説　総則編（幼稚部・小学部・中学部）』2018〈平成30〉年3月）。

「個別の指導計画」は，子どもの実態に応じて，適切な指導・支援を行うために学校で作成される。本人や保護者と学校等が，「現在の健康面や学習状況」，「指導目標や内容」，「評価の観点」等について，共通理解することで，教育活動の一層の充実を図ることができる。

一方，2021（令和3）年6月に文部科学省から示された「個別の教育支援計画」の参考様式では，合理的配慮の提供や引継ぎの充実を図ることの重要性が述べられている（**図1**）。合理的配慮とは，「障害のある子どもが，他の子どもと平等に「教育を受ける権利」を享有・行使することを確保するために，学校の設置者及び学校が必要かつ適当な変更・調整を行うこと」等である（中央教育審議会初等中等教育分科会『共生社会の形成に向けたインクルーシブ教育システム構築のための特別支援教育の推進（報告）』2012〈平成24〉年7月）。

今後，こうした合理的配慮の観点等を踏まえた「個別の教育支援計画」や「個別の指導計画」等の作成が求められる。

支援の方向性

①　支援の目標	

②　合理的配慮を含む支援の内容	

③　支援の目標に対する関係機関等との連携	関係機関名	支援の内容

図1　「個別の教育支援計画」の参考様式

出典）文部科学省「個別の教育支援計画の参考様式」（2021年）を基に作成

第11章 教育課程行政と教科書，補助教材
―教育権論争に寄せて―

坂田　仰

はじめに

2015（平成27）年9月30日，文部科学省は，義務教育諸学校教科用図書検定基準の一部改正を行った（平成27年文部科学省告示157号）。学習指導要領に「特別の教科　道徳」が置かれたこと，いわゆる道徳の教科化を受けてのことである。これに対し，報道やパブリックコメント等では，教科書や授業を通じて一定の価値観や規範意識の押しつけが起きるのではないかと危惧する声が数多く上がることになった。

「特別の教科　道徳」を設置することの是非は一先ず置くとして，学習指導要領は，その時々の社会状況の下，社会の多数派が有する価値を体現して揺れ動く振り子のような存在と見ることができる。そして，この振り子の調整を担っているのが文部科学省であり，教育課程行政，教育課程管理などと呼ばれる領域である。

本章では，教育課程行政とその学校現場への貫徹について概観する。その際，教育内容に論争がある場合，誰がそれを決定する権限を有しているのかについて，学説上，古くから対立が存在していることに留意し，この「教育権論争」の視点から分析を試みることにしたい。学校教育という仕組みに内在する対立可能性，教科書検定を巡る課題，そして学校現場における補助教材のマネジメントが議論の中心となる。その上で，学校教育という制度自体に内在する価値の伝達機能，いわゆる隠れたカリキュラム（hidden curriculum）

に言及し，論を終えることにしたい。

第1節　教育課程行政と教育権論争

(1)　教育課程行政

子どもの教育は，何時の時代，どの国においても，家庭教育からはじまるのが通常である（私事としての教育）。その内容は，各家庭が有する価値観，考え方を反映したものであり，そこで行われる教育は，当然，アラカルト的なものとなる。

だが，子どもの教育に国家（国，地方公共団体）が関心を持つとき，その様相は大きく変化する。ある国家が存続，発展していくためには啓蒙された構成員の存在が不可欠である。その意味において教育は，どの国家においても公共財としての性格を有している（教育の公共性）。この視点からは，子どもの教育に関しては，私人の自由な活動に任せることは完全な信頼に値せず，国民の意思を背景とする公権力が何らかの形で役割を果たすことが期待されることになる（例えば長谷部2022等）。そして，今日では，国家が，公教育の一環として学校という仕組みを制度化し，子どもの教育に介入することが当然と考えられるようになっている。

教育課程に引き寄せると，教育の私事性を強調し，学校教育を家庭教育の延長線上で捉えるならば，教育課程の編成は，それぞれの学校が，保護者の委任を受け，あるいは両者の合意の下，自己の責任において決定すべき事項となる。これに対し，教育の公共性に立脚し，教育課程の編成や教育内容の限界を画する国家の関与が，「教育課程行政」「教育課程管理」等と呼ばれる領域である[*1]。

学校教育法は，制定当初からこの私事性の限界を意識している。例えば，「小学校の教科に関する事項は，第17条及び第18条の規定に従い，監督庁が，これを定める」と規定し，国家の関与を当然の前提と考えていた（旧20条）。

そして，ここでいう監督庁は，当分の間，文部大臣（当時）とされた（旧106条）。文部省令（現在の文部科学省令）の一つ，学校教育法施行規則が，この「定め」であり，「小学校の教科課程，教科内容及びその取扱については，学習指導要領の基準による」とする規定を有していた。この規定が，「小学校の教育課程については，この節に定めるもののほか，教育課程の基準として文部科学大臣が別に公示する小学校学習指導要領による」（52条）とする，現行規定へと受け継がれていくことになる*2。

これら規定を受けて，現在，公立学校，私立学校の区別を問わず，小・中・高等学校，特別支援学校等においては，いわゆる教科書の作成，教育課程の編成は，学校教育法施行規則と学習指導要領を基礎として行われている。

⑵ 教育権論争

しかしながら，学校教育に対する国家の関与が何処まで認められるべきかについては，必ずしも意見が一致している訳ではない。特に，教育の私事性を強調する論者からは，教育内容に対する国家の関与，言い換えるならば学習指導要領の法的拘束性について，繰り返し疑義が提起されている。教育内容の決定権の所在を巡る対立，教育権論争である（詳しくは坂田2024参照）。

周知のように，教育権の所在を巡っては，「国家の教育権説」と「国民の教育権説」という対照的な考え方が存在している。

国家の教育権説は，教育内容の決定について，国家が民主的手続きに従って，決定する権能を有しているとする。議会制民主主義においては，「投票箱と民主制のプロセス」を通じ，権力の行使について国家が国民の信託を受けているとされる。そして，学校教育を含む公教育の展開も権力行使の一場面であり，政治的なプロセスの中で決定されていくべきものと考えられることになる。

加えて，教員の考え方一つで教育内容が異なる可能性を排除することも有力な論拠となっている。個々の教員による差異を防止するためには，予め国家が共通の教育内容を決定しておく必要があるとする論理である。この中立性確保論は，教員のイデオロギー的な側面による差異の発生防止を強調する考え方と，小・中・高等学校あるいは特別支援学校といった学校種ごと，または学年ごとに全国的に統一の到達目標を設定する必要性を強調する考え方に大別される。

これに対して国民の教育権説は，原理的に見て学校教育は，子どもに対する保護者の教育義務が共同化されたもの，「私事の組織化」であるという点を強調する。この意味において，教育内容の決定は，社会一般に開かれており，教員，保護者（親），地域住民の自律に委ねられるべきであると主張している。

その反面として国家の関与は，学校教育の制度化や学校施設の整備といった条件整備，「外的事項」に限定される。そして，教育内容を中核とする「内的事項」については国家主導ではなく，教育の自由という形で，教員を中心とする国民の側に留保されるべきことになる（「内外事項区分論」について詳しくは佐藤2007参照）。

第2節　教科書を巡るコンフリクト

ただ，教育権論争，すなわち「国家の教育権説」と「国民の教育権説」の対立には，理念型を巡る争いという側面が存在している。そのため，現実の教育権論争は，両者のバランス，ブレンドの度合いをどう考えるべきかという形で顕在化してきた。その一つが，教科書を巡るコンフリクトである。

(1)　教科書と使用義務

教科書とは，「小学校，中学校，義務教育学校，高等学校，中等教育学校及びこれらに準ずる学校において，教育課程の構成に応じて組織排列された教科の主たる教材として，教授の用に供せられる児童又は生徒用図書であつて，文部科学大臣の検定を経たもの又は文部科学省が著作の名義を有するものをいう」（教科書の発行に関する臨時措置法２条１項）。この規定から，教科書には，文部科学省が著作の名義を有するものと，民間で作成された図書で文部科学大臣の検定を経たもの，すなわち「検定教科書（文部科学省検定済教科書）」の二種類が存在することが分かる。

日本国憲法の下では，一般に教科書制度は，国民の教育を受ける権利を担保するために存在すると考えられている。教育の政治的中立性を確保しつつ，児童・生徒の発達段階に応じた適正な教育内容を維持し，教育の機会均等を図り，全国的な教育水準の維持・向上を目指すためである。

では，教育課程において教科書はどのように位置づけられているのであろうか。

学校教育法は，小学校等においては，「文部科学大臣の検定を経た教科用図書又は文部科学省が著作の名義を有する教科用図書を使用しなければならない」と規定している（34条１項，49条，49条の８，62条，70条１項，82条）。教科書の使用を義務づける規定である*3。

しかし，国民の教育権説を貫徹すると，教育の自由の一環として，教科書を使用するか否かは教員の任意の選択に委ねられていると解する余地が存在している。この考え方の下では，教育条理上，教員が教科書を使用すると判断した場合に限り，学校教育法34条１項等の規定に拘束されるという解釈になる。

これに対し，行政解釈は，教科書を，あくまでも授業における「主たる教材」として位置づけている（昭和26年委初第332号初中局長回答等）。同様に，裁判例の多くも教科書の使用義務を肯定する。その典型が，福岡伝習館高等学校訴訟である（最高裁判所第一小法廷判決平成２年１月18日）。判決は，「学校教育法51条〔当時〕により高等学校に準用される同法21条〔当時〕が高等学校における教科書使用義務を定めたものであるとした原審の判断は，正当として是認する」ことができるとし，また，そのように解することが「憲法26条，教育基本法10条〔当時〕に違反するものでない」と判示している。

教員の裁量に任されているとする見解は，学校教育法34条1項の文言からかけ離れた解釈を行おうとするものであり，条文解釈の限界を超えている。また，「教育条理」という言葉のブラックボックス的性格も問題となる。それゆえに，条文の文言により忠実な行政解釈，教科書の使用義務を肯定する考え方が，一般的妥当性を有していると見るべきであろう。

⑵　教科書検定

教科書の使用義務を肯定するとして，次に問題となるのはその作成過程である。特に教科書の大半を占める検定教科書は，教育課程を考える上で，避けては通れない課題と言える。

いわゆる教科書検定は，「民間で著作・編集された図書について，文部科学大臣が教科書として適切か否かを審査し，これに合格したものを教科書として使用することを認める」制度である（文部科学省HP「教科書検定制度について」)。義務教育諸学校の検定では，「教育課程の構成に応じて組織排列された教科の主たる教材として，教授の用に供せられる児童又は生徒用図書であることにかんがみ，知・徳・体の調和がとれ，生涯にわたって自己実現を目指す自立した人間，公共の精神を尊び，国家・社会の形成に主体的に参画する国民及び我が国の伝統と文化を基盤として国際社会を生きる日本人の育成を目指す教育基本法に示す教育の目標並びに学校教育法及び学習指導要領に示す目標を達成するため，これらの目標に基づき，第2章及び第3章に掲げる各項目に照らして適切であるかどうか」という観点から，審査が実施されることになる（義務教育諸学校教科用図書検定基準第1章)。

だが，教育課程に対する国家の関与に消極的な国民の教育権説は，この検定の在り方についても批判を加えている。文部科学大臣の「審査」が，日本国憲法21条２項が禁止する検閲に該当し，教科書執筆者の表現の自由を侵害する等といった論理である。

この点については，家永教科書検定裁判に象徴されるように，これまで繰り返し司法の場で争われてきた。

その中にあって，最高裁判所は，教科書検定制度そのものについては一貫して日本国憲法に違反しないと判示している。例えば，第一次家永教科書検定裁判では，「検閲とは，行政権が主体となって，思想内容等の表現物を対象とし，その全部又は一部の発表の禁止を目的とし，対象とされる一定の表現物につき網羅的一般的に，発表前にその内容を審査した上，不適当と認めるものの発表を禁止することを特質として備えるものを指す」とした上で，教科書検定は，「一般図書としての発行を何ら妨げるものではなく，発表禁止目的や発表前の審査などの特質がないから，検閲に当たらず，憲法21条２項前段の規定に違反するものではない」としている（「第一次家永教科書裁判」最高裁判所第三小法廷判決平成５年３月16日，本件の評釈としてはとりあえず坂田2019を参照）。

「普通教育の場においては，児童，生徒の側にはいまだ授業の内容を批判する十分な能力は備わっていないこと，学校，教師を選択する余地も乏しく教育の機会均等を図る必要があることなどから，教育内容が正確かつ中立・公正で，地域，学校のいかんにかかわらず全国的に一定の水準であることが要請されるのであって，このことは，もとより程度の差はあるが，基本的には高等学校の場合においても小学校，中学校の場合と異ならない」（「第三次家永教科書裁判」最高裁判所第三小法廷判決平成９年８月29日）。それゆえ，教科書検定制度の必要性それ自体は認められるべきと言えるであろう。

だが，具体的な検定内容，言い換えるならば検定に関する裁量権の行使については別途検討が必要である。第三次家永教科書裁判最高裁判所判決が指摘するように，検定当時の学界の状況，一般的な学説等に照らして，検定結果がこれと異なる内容となっている場合は，裁量権の逸脱，濫用があったものとして，検定が違法と評価される可能性が存在している。

この点，2014（平成26）年の義務教育諸学校教科用図書検定基準及び高等学校教科用図書検定基準の一部改正（平成26年文部科学省告示第２号）が，教科書検定の運用に関して波紋を広げている。改正には，「近現代の歴史的事象のうち，通説的な見解がない数字などの事項について記述する場合には，通説的な見解がないことが明示されているとともに」，児童又は生徒が「誤解するおそれのある表現がないこと」，「閣議決定その他の方法により示された政府の統一的な見解又は最高裁判所の判例が存在する場合には，それらに基づいた記述がされていること」等，政府見解の尊重を求める部分が含まれている（義務教育諸学校教科用図書検定基準）。

2016（平成28）年３月，改正基準に基づく最初の検定結果が公表された。だが，これら基準が，運用の段階で，教科書会社を萎縮させ，政府の見解を「書かせる検定」として機能したのではないかという批判が寄せられている（東奥日報2016〈平成28〉年３月19日等）[*4]。仮に，この指摘が現実を踏まえたものであるとするならば，教科書検定の目的，趣旨に照らして，裁量権の逸脱，濫用と評価される可能性も存在しないではない。

第３節　補助教材のマネジメント

ただ，「教科書を教える」のか，「教科書で教える」のかによって，教科書検定の持つ意味合いは大きく異なってくる。

近年の教育改革は，児童・生徒の興味関心を引き出し，児童・生徒が主体的に取り組む授業展開を重視する傾向にある。そのためには，教科書に書かれた内容を基礎としつつも，それがいわゆる「学校知」ではなく，児童・生徒の「生きる力」を育むものとなるよう，教員の「創意工夫」が求められる。その意味において，「教科書を教える」ということを基本としつつも，「教科書で教える」という姿勢を加味していくことが重要となろう。

先に触れた教科書の発行に関する臨時措置法２条１項もこれを前提としている。教科書を教科の「主たる教材」と位置づけ，「教科書で教える」という考え方に親和性を見せている。

実際，多くの教育実践では，教科書以外に，ワークブックや辞書等が使用されている。いわゆる「補助教材」の活用である。

補助教材とは，市販，自作等の区別を問わず，副読本，辞書，解説書，資料集，学習帳，問題集，授業プリント，新聞等，教科書の補助として授業で使用する教材の総称である。その法的根拠は，「教科用図書及び第二項に規定する教材以外の教材で，有益適切なものは，これを使用することができる」とする，学校教育法に求められる（34条４項）。

公立学校については，「教育委員会は，学校における教科書以外の教材の使用について，あらかじめ，教育委員会に届け出させ，又は教育委員会の承認を受けさせることとする定めを設けるものとする」という規定が，地方教育行政の組織及び運営に関する法律に存在している（33条２項）。したがって，公立学校の補助教材に関しては，学校を管理する教育委員会が最終的な決定権限を有していることになる。

だが，毎日のように新しいものが使用される授業用のプリントや新聞等についてまで，その全てを教育委員会へ事前に届けさせるとすることは，教育実践の現実を考えるとき合理的とは言えない。そこで，文部科学省は，全ての補助教材の使用について，事前の届け出や承認を求めたものではなく，教育委員会が関与すべきと判断したものについてだけ，適切な措置をとるべきとしている（「学校における補助教材の適切な取扱いについて」平成27年3月4日付26文科初第1257号）。

ただ，日常的に使用する補助教材について，担当教員に全てを任せるとすることもまた妥当性に欠ける部分がある。この点については，資料プリント等分限免職取消訴訟が参考になろう（東京地方裁判所判決平成21年6月11日）。公立中学校に勤務する教員が，個人攻撃とも受け取れる内容を含んだ資料を配布する等の行為を繰り返し，懲戒処分を受け，分限免職処分となった事案である。

判決は，まず，教員が，生徒の側に学校や教員を選択する余地が乏しい公立中学校において，教育を行う立場であることを強調する。そして，「教育する対象である中学校の生徒らは，未発達の段階にあり，批判能力を十分備えていないため，教師の影響力が大きいことを考慮すれば，公正な判断力を養うという上記目標のためには，授業が公正，中立に行われることが強く要請される」とした。

その上で，「教師という立場で，特定の者を誹謗する記載のある本件資料を授業の教材として作成，配布することは，公正，中立に行われるべき公教育への信頼を直接損なうものであり，教育公務員としての職の信用を傷つけるとともに，その職全体の不名誉となる行為に当たるし，全体の奉仕者たるにふさわしくない非行である」と断じている。

授業用のプリント等，日常的に使用する補助教材にも公正・中立が求められることは言うまでもない。この点について，資料プリント等分限免職取消訴訟を見る限り，教員の裁量に全てを委ねることはできそうにない。したがって，教員の教育の自由を極端に強調する「国民の教育権説」は，この問題に関しても完全な信頼には値しないと言える。学校教育法や学習指導要領等の趣旨を踏まえ，多角的視点から補助教材の検討を可能にするために，校長のリーダーシップの下，教員がチームとして機能することが重要となろう。

第4節 隠れたカリキュラム

本章では，教科書と補助教材を例にとりながら，教育課程行政について論じてきた。「国家の教育権」と「国民の教育権」の対立という視点から見ると，公教育の一翼を担う学校の教育課程に対して，国家による一定の関与を認めるべきとするのが確立した司法の立場と言えるであろう。

しかし，学校という仕組みそれ自体に不可避的に一定の価値の注入が存在するという考え方も成立し得る。学校という独特の“空間”に身を置くことそれ自体が，“価値”の教え込みになっているという指摘である。マイケル・W．アップルらは，これを学校教育における「隠れたカリキュラム」と呼んでいる*5。

学校で使用される言語や習慣がその典型である。子どもは，言語や習慣を学校教育の場で体験し，無意識のうちに自らのアイデンティティに転化していく。このプロセスは，その言語や習慣を共有する社会の価値を，子ども自身の価値基準として教え込んでいくことに他ならない。

隠れたカリキュラムの視点からは，学校教育の場で特定の言語を使用することそれ自体が，一定の価値の伝達にあたり，価値の教え込みと見ることができる。それゆえに，国家が特定の言語を公用語に措定し，学校教育がそれによって行われる限り，国家的価値の教え込みから完全に切り離された価値中立的な教育は存在し得ない。その効果を肯定するか否定するかは別として，隠れたカリキュラムが，「学校教育の基盤ないし基礎的要素に深くかかわっている」と見るべきである（安彦 2006，95 頁）。

この主張に対しては，言語が果たして価値的意味を有しているのかという疑義が提起されることになろう。しかし，児童の権利条約は，子どもに対する教育が，「児童の父母，児童の文化的同一性，言語及び価値観，児童の居住国及び出身国の国民的価値観並びに自己の文明と異なる文明に対する尊重を育成すること」を指向すべきであると規定している（29条）。この規定は，教育はもとより言語が一定の価値と結びついた存在であることを何よりも雄弁に物語っている。

第二次世界大戦前，日本政府は，植民地住民の同化政策の一環として創氏改名を象徴とする言語統制と日本語教育の徹底を図ろうとした。ヨーロッパに目を転じると，フランス革命に際して，共和国政府は，革命理念の定着を目指し，学校教育の独占とともに言語の統一を行おうとしたことを見逃してはならないであろう。

ともあれ，隠れたカリキュラムを前提とするとき，国家が制度化した学校は，常に時の政府が前提とする価値を体現し，政府言論（government speech）としての意味合いを有している。この視点からは，教育権論争は，政府言論の在り方を巡る対立を意味し，教科書を巡るコンフリクトはその媒体を誰が握るのかという主導権争いの様相を呈することになる。そうすると，究極の意味における「国民の教育権説」は，国家が制度化した学校の否定，「脱学校」と同義に他ならない。このアイロニーの中にこそ，教育課程行政の本質が隠れていると言えるのかもしれない。

考えよう！

1. 教科書は教育実践においてどのような役割を担っているだろうか。法令に照らして検討してみよう。
2. 補助教材とは具体的にどのようなものを指すか。また教育活動において使用が認められる補助教材の条件について検討してみよう。

〈註〉

＊1　日本国憲法26条1項が定める「教育を受ける権利」を保障するという視点，特に学校現場において教育の機会均等をどのように担保していくのかという視点は，その際たるものと言える。戦後，GHQの占領下で進められた教育改革の時代から，今日に至るまで，一定の水準を満たす教育を全ての国民に保障するという視点は，教育課程行政の重要な課題であり続けている。

＊2　したがって，「教育課程≒学習指導要領」という学校現場に見られる一般的な理解は，あながち間違いというわけではない。

＊3　ただし，高等学校，中等教育学校後期課程，特別支援学校，特別支援学級には例外規定が存在する。文部科学大臣の検定を経た教科用図書又は文部科学省が著作の名義を有する教科用図書がない等の場合に限り，学校設置者の定めにしたがい，他の適切な教科用図書を使用することが認められている（学校教育法施行規則89条，113条3項，135条2項，139条)。

＊4　というよりも，むしろ，この萎縮効果こそが狙いであったと言えなくもない。

＊5　マイケル・W．アップル（水谷勇，野崎与志子訳)「公的知識をめぐるポリティックス—ナショナル・カリキュラムの意味を問う—」マイケル・W．アップル他共著『カリキュラム・ポリティックス—現代の教育改革とナショナル・カリキュラム』東信堂（1994年）等参照。

〈参考文献〉

・佐藤修司『教育基本法の理念と課題—戦後教育改革と内外事項区分論』学文社（2007年）
・長谷部恭男『憲法　第8版』新世社（2022年）
・坂田仰『四訂版　学校と法—「権利」と「公共性」の衝突』放送大学教育振興会（2024年）
・安彦忠彦『改訂版　教育課程編成論—学校は何を学ぶところか』放送大学教育振興会（2006年）
・坂田仰「教科書検定(2)——第1次家永教科書事件上告審」別冊ジュリストNo.245『憲法判例百選Ⅰ〔第7版〕』有斐閣（2019年）

第12章 国際バカロレアとカリキュラム

御手洗　明佳

はじめに

近年，学校教育法１条に規定される学校（以下，１条校とする）において，学習指導要領以外の教育課程の基準を導入する動きがある。本章では，国内への普及が推進される「国際バカロレア(International Baccalaureate：以下，IBとする)」について取り上げたい。まず，IBとはどのような教育プログラムなのかを概説する。そして，なぜ，日本の学校にIB教育を導入しようとしているのか背景を述べる。最後に，新しいカリキュラムモデルとしても注目されるIB教育について，探究を中心とした学習としての特徴を説明していく。

第１節　国際バカロレアとは

(1)　国際バカロレアの使命と四つの教育プログラム

国際バカロレア（IB）とは，1968年にスイスで設立された非営利団体およびその団体が開発している教育プログラム・資格の総称である。2023（令和５）年現在，IB認定校は，159以上の国・地域で約5400校以上に及んでいる。

IBを理解するためには，IB機構が掲げるIBの使命（IB mission statement）を理解しておく必要がある。**表12－1**に示すように，多様な文化の理解と尊重の精神を通じて，より良い，より平和な世界を築くことに貢献することや，探究心，知識，思いやりに富んだ若者の育成という教育理念の実現を目指している。IBでは，幼児期から大学入学前までの児童・生徒を対象に，四つの教育プログラムの開発と提供に取り組んでいる（PYP，MYP，DP及びCP*[1]）。さらに，IBの使命には知識や探究心，思いやり，積極性，共感する力，生涯にわたり学習する力など，いわゆる基礎的リテラシーや認知スキル，社会スキル（または非認知スキル）の要素が示されている。IBの教育も，2017・2018（平成29・30）年版学習指導要領同様に学力のみに留まらない資質・能力の育成を教育理念として掲げている。

表12－1　IBの使命

IBの使命（IB mission statement）
国際バカロレア（IB）は，多様な文化の理解と尊重の精神を通じて，より良い，より平和な世界を築くことに貢献する，探究心，知識，思いやりに富んだ若者の育成を目的としています。 この目的のため，IBは，学校や政府，国際機関と協力しながら，チャレンジに満ちた国際教育プログラムと厳格な評価の仕組みの開発に取り組んでいます。 IBのプログラムは，世界各地で学ぶ児童生徒に，人がもつ違いを違いとして理解し，自分と異なる考えの人々にもそれぞれの正しさがあり得ると認めることのできる人として，積極的に，そして共感する心をもって生涯にわたって学び続けるよう働きかけています。

出典）International Baccalaureate Organization（2017年）より引用

では，この教育理念を実現するため，IBはどのような教育プログラムを展開しているのだろうか。ここでは，IB機構が示すプログラムモデル図（**図12－1**）を用いて，主に高校２・３年生を対象とするDPを例に解説していく。

図12－1のプログラムモデル図は，DPで履修する教科等に加え，DPの理念や教育方針，教育手法も示されている。特に円の中心部分には，IBの学習者像という文言が確認でき，これがDPにおける教育哲学の核となっている。IBの学習者像とは，IBの使命を具現化したものであり学習者がもつべき目標として10の姿が示される。具体的には，**表12－2**で示すように，探究する人，知識のある人，考える人，コミュニケーションができる人，信念をもつ人，心を開く人，思いやりのある人，挑戦する人，バランスのとれた人，振り返りができる人を指す。この10の目標は，四つのプログラム（PYP，MYP，DP及びCP）全てに通底する，国際的な視野をもつ学習者が目指すべき人物像である。そのため，IB認定校は10の学習者像を踏まえながら，教育活動を実施する。学習計画を立てる際に，10の目標のうちどのような学習者を目指すことになるかを見据えたうえで目の前の学習者に適切な計画を作成することを心

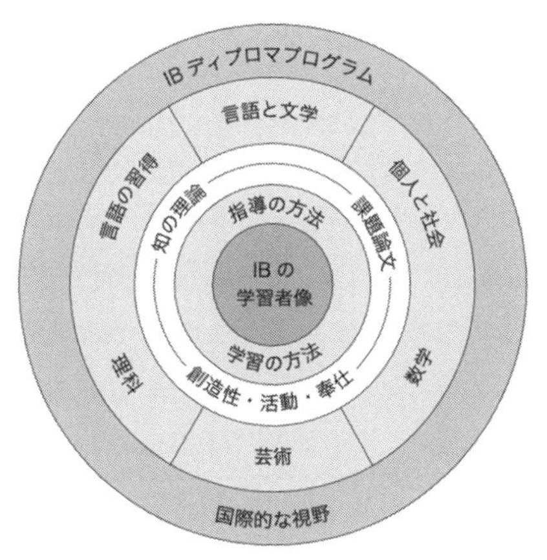

出典）御手洗・赤塚・井上（2023年）より引用

図12－1　DPのプログラムモデル図

がけている。

そして，**図12－1**の円の中心部から一つ外側には，指導の方法（Approaches to Teaching：ATT）と学習の方法（Approaches to Learning：ATL）がある。ATTとは，教員がIB教育が掲げる目標を実現させるために設定されている六つの指導のアプローチのことを示し，ATLとは，目標を実現するために学習者に必要となる五つのカテゴリーからなる学びのための基礎スキルのことを指す。いずれもプログラム内で共通して（教科群の枠を越えて），用いられる重要な学習・指導の方法である。

そしてATTとATLの外側には，三つのコアと六つの教科群（グループ）がある。プログラムのコアとなるものが，課題論文（Extended Essay：EE），知の理論（Theory of Knowledge：TOK），創造性・活動・奉仕（Creativity／Activity／Service：CAS）である。EEとは，学習している科目に関連した研究課題を設定して自ら調査・研究を行い，論文としてまとめることを通して，研究スキル，記述力，創造性を育むことを目指すものである。TOKとは，知の本質について考え，「知識に関する主張」を分析し，知識の構築に関する問いを探究する。批判的思考を培い，学習者が自分なりのものの見方や，他人との違いを自覚できるように促すものである。CASとは，学外での活動を積み重ね，様々な人との共同作業をすることにより，協調性，思いやり，実践の大切さを学ぶものである。コアは必修であり，教科群の枠を越えて必要となる能力を身につけることを目指している。**図12－1**のコアの周辺には，**表12－3**に示す六つの教科群（グループ）が位置している[*2]。六つの教科群（グループ）は，自然科学，社会科学，人文科学に関する科目が，バランスよく配置されている。

最後に，**図12－1**の教科の外側に示される国際的視野とは，「世界に対しての開かれた態度と，人間が相互に関わりあっているとい

表 12－2　IB の学習者像

人物像	説明
探究する人	私たちは，好奇心を育み，探究し研究するスキルを身につけます。ひとりで学んだり，他の人々と共に学んだりします。熱意をもって学び，学ぶ喜びを生涯を通じてもち続けます。
知識のある人	私たちは，概念的な理解を深めて活用し，幅広い分野の知識を探究します。地域社会やグローバル社会における重要な課題や考えに取り組みます。
考える人	私たちは，複雑な問題を分析し，責任ある行動をとるために，批判的かつ創造的に考えるスキルを活用します。率先して理性的で倫理的な判断を下します。
コミュニケーションができる人	私たちは，複数の言語やさまざまな方法を用いて，自信をもって創造的に自分自身を表現します。他の人々や他の集団のものの見方に注意深く耳を傾け，効果的に協力し合います。
信念をもつ人	私たちは，誠実かつ正直に，公正な考えと強い正義感をもって行動します。そして，あらゆる人々がもつ尊厳と権利を尊重して行動します。私たちは，自分自身の行動とそれに伴う結果に責任をもちます。
心を開く人	私たちは，自己の文化と個人的な経験の真価を正しく受け止めると同時に，他の人々の価値観や伝統の真価もまた正しく受け止めます。多様な視点を求め，価値を見いだし，その経験を糧に成長しようと努めます。
思いやりのある人	私たちは，思いやりと共感，そして尊重の精神を示します。人の役に立ち，他の人々の生活や私たちを取り巻く世界を良くするために行動します。
挑戦する人	私たちは，不確実な事態に対し，熟慮と決断力をもって向き合います。ひとりで，または協力して新しい考えや方法を探究します。挑戦と変化と機知に富んだ方法で快活に取り組みます。
バランスのとれた人	私たちは，自分自身や他の人々の幸福にとって，私たちの生を構成する知性，身体，心のバランスをとることが大切だと理解しています。また，私たちが他の人々や，私たちが住むこの世界と相互に依存していることを認識しています。
振り返りができる人	私たちは，世界について，そして自分の考えや経験について，深く考察します。自分自身の学びと成長を促すため，自分の長所と短所を理解するよう努めます。

出典）International Baccalaureate Organization（2017 年）より引用

う事実を認識した考え方，在り方，そして行動によって特徴づけられる，多面的かつ複雑な概念*3」と定義されており，IB の所定のプログラムの履修を修了した後に達成されるべきゴールとして据えられている。

表 12－3　DP の 3 つのコアと 6 つの教科群

3つのコア	
課題論文（EE），知の理論（TOK），創造性・活動・奉仕（CAS）	
6つの教科群	
グループ名	科目例
1　言語と文学（母国語）	言語 A：文学，言語と文学，文学と演劇（SL のみ）※
2　言語の習得（外国語）	言語 B，古典言語，初級言語（SL のみ）
3　個人と社会	ビジネスと経営，経済，地理，グローバル政治，歴史，心理学，環境システムと社会※，情報テクノロジーとグローバル社会，哲学，デジタル社会，社会・文化人類学，世界の宗教※
4　理科	生物，化学，物理，デザインテクノロジー，環境システムと社会※，コンピュータ科学，スポーツ・エクササイズ・健康科学
5　数学	数学：解析とアプローチ 数学：応用と解釈
6　芸術	音楽，美術，演劇，ダンス，フィルム，文学と演劇※

各グループから 1 科目ずつ選択し，計 6 科目で履修，ただし，グループ 6（芸術）は他のグループからの科目に代えることも可能，6 科目のうち，3 ～ 4 科目で上級レベル（High Level：各 240 時間），その他を標準レベル（Standard Level：各 150 時間）として履修。
※文学と演劇は，グループ 1 と 6 の横断科目。「環境システムと社会」はグループ 3 と 4 の横断科目。「世界の宗教」及び「スポーツ・エクササイズ・健康科学」は SL のみ。
出典）文部科学省 IB 教育推進コンソーシアム事務局「国際バカロレアについて」(2019 年）を基に作成

以上から，IB のプログラムは教育理念を実現するため，すなわち，資質・能力の育成をするための様々な工夫がみられた。第 1 に，育成すべき資質・能力を，目標となる姿（態度・価値観含む学習者像）として明確化していたこと，第 2 に，目標の実現を支えるためにプログラムを通底する指導の方法の共有や，目標を実現するために学習者に必要となる学習スキルの提示があった。第 3 に，教科群（グループ）の枠を越えて重要となる資質・能力の育成を担うコアの存在である。このように，教育理念を実現するため，IB では首尾一貫した枠組みを通して，資質・能力の育成に取り組んでいる。

第2節　グローバル人材の育成に資する教育プログラム

それでは，なぜ，国際理解教育としての特徴をもつIBは教育課程の一つとして注目され，日本の学校へ導入されようとしているのだろうか。第2節ではその背景について説明していく。

(1)　海外で学ぶ生徒のための教育

IBは従来，インターナショナルスクールのカリキュラムとして開発されてきた。よって，2013（平成25）年時点の国内のIB認定校は16校しか存在しておらず，さらにその大半はインターナショナルスクールであった。IBが国内に普及していなかった理由として，IB認定校を卒業しても，長らく日本国内では高校卒業資格を得られなかったためである。日本の学校制度では，学校とは1条校を指し，文部科学省が「教育課程の基準」として公示する学習指導要領にもとづいて教育課程を編成している。一方，IBを導入するインターナショナルスクールは，1条校には属さず，第134条に記される「各種学校」扱いとなる。各種学校では，日本人児童・生徒が通っても就学義務の履行とはみなされず，義務教育を修了したことにはならなかった。よって，このような中，IB認定校に通っていたのは，主に外国人児童・生徒や帰国児童・生徒であった。

(2)　「グローバル人材育成」の手段として注目された国際バカロレア

こうした流れを変える契機となったのは，2011（平成23）年6月に提出された「グローバル人材育成推進会議 中間まとめ」（以下，中間まとめ）である[*4]。中間まとめでは，グローバル人材の必要性や若者の留学離れが論じられた。そして対応策の一案として「国際バカロレア資格を取得可能な，又はそれに準じた教育を行う学校を5年以内に200校程度へ増加」が明記されたのである。グローバル人材育成が国家課題となったことで，これまでの帰国児童・生徒の教育を支えてきたIBに白羽の矢が立ったのである。

中間まとめ後の文部科学省によるIB認定校政策からは三つの流れが読み取れる。第1に，IB機構との正式な窓口となる「国際バカロレア機構デュアルランゲージ・ディプロマ・プログラム国内連絡相談窓口」の設置である。これまでは，国内のIB認定校が個別にIB機構と連携していたため，IB拡大の制約の一つとなっていた。IB機構と日本でIB認定校を目指す学校を結ぶ窓口の設置は，IB認定校を増やす上で大きな役割を果たしたといえるだろう。

第2に，IB導入を進めるための各種教育法規の新設・変更である。2015（平成27）年に文部科学省は学校教育法施行規則を改正し，IBと学習指導要領の双方を無理なく履修できる特別措置を新設した（学校教育法施行規則88条の2）。また，これまで認められなかったインターナショナルスクールの在籍についても別途法律が公布されることとなった（いわゆる「教育機会確保法」*5）。これにより，一定の要件を満たせば，IB認定資格も国内大学の入試要件として認められるようになったのである。さらに文部科学省より，国内大学の入学選抜でIB大学入学資格及びスコアを活用することも推進された。たとえば，全学部で「国際バカロレア（特別）入試」を実施している大学は，2023年現在77校あり，岡山大学，筑波大学，大阪大学，鹿児島大学，国際教養大学，上智大学，玉川大学，関西学院大学など，国立大学に加えて大規模私立大学も名を連ねている。

第3に，教員不足を解消するため，IB認定校で教える教員を養成するコースを設置する大学が現れたことである。2014（平成26）年に玉川大学大学院教育学研究科に「IB教員養成コース」が開設され，続いて2016（平成28）年に岡山理科大学が「IB教員養成コース」を開設した。2017（平成29）年には筑波大学大学院修士課程教育研究科が「教育学（国際教育）修士プログラム」を開設した。その他7大学が同様のプログラムを実施している。

ここまで，日本では政策的にIBを国内の学校に普及してきた経緯を確認してきた。そして2023（令和5）年3月，文部科学省IB教育推進コンソーシアム事務局は，IB認定校等数が207校となり，目標であった200校に達したことを報告している*6。国内の認定校・候補校を確認すると，国立，公立，私立学校がそれぞれ導入しており，さらに校種は幼稚園，小学校，中学校，高等学校，中等教育学校と幅広い。各自治体の学校現場では，日本の教員免許状をもった教員たちがIBに関する研修を受けIBを教える姿がみられるようになっている。

第3節　新しいカリキュラムモデルとしての国際バカロレア

経済のグローバル化に伴うグローバル人材育成推進として導入が推進されたIBであるが，教育内容・方法にも注目が集まっている。文部科学省は，2017・2018（平成29・30）年版学習指導要領の方針を受け，IBの生涯にわたり学び続けるという理念や，探究し続けていくことの意義を理解するとともにそのために必要な資質・能力を身につけるという考えに注目しており，IB認定校以外の学校もIBの取組事例を参考にするように推奨している*7。

IB教育の特徴はどの教科・科目であっても探究を基本として授業を運営している点にある。具体的な教育方法としての特徴は三つある（御手洗ら2023)。一つ目は，物事の表面的な理解にとどまらず，本質的な部分に迫るよう，概念の理解を深めるように構成されている点である。二つ目は，カリキュラムで到達すべき最終ゴールから逆向きに授業が設計されている点である。三つ目は，パフォーマンスの程度を測るためのルーブリック（評価指標）が生徒に明示されている点である。

もう少し詳しく説明すると，IB教育では物事の根源に迫る問いを中心とした授業が展開される。そこでは建設的な対話が生まれ，学習の取り組みも活発になる。加えて，IB 教育では，理解の程度を測るペーパーテストのみならず，思考力・判断力・表現力等の程度を測るパフォーマンス評価が行われる。授業はこのパフォーマンス評価から逆向きに設計されるが，ルーブリックにより事前に到達目標が提示される。生徒たちはこの学習が何に向かって行われているのか，どのような資質・能力を身につけるべきなのかを理解しながら学習に取り組んでいける。

これら三つの特徴は，単に探究といっても身につけるべき資質・能力が定められ，教員も児童・生徒も目標を共有して取り組むという点で「構造化された探究」ともいえる。こうした授業の仕組みによって，従来の探究学習や調べ学習等で課題となりがちであった学力低下や学習の偏りについて IB 独自の理念をもって対応しているのである。

考えよう！

1 自分の出身地で IB を導入している学校（幼・小・中・高）はあるのか調べてみよう。また，どのような学校で IB を導入しているか，見つかった特徴を挙げてみよう。

2 自分が高校時に受けてきた教育と IB はどのような違いがあるだろうか。また，IB 教育はどのような生徒に向いていると思うか考えてみよう。

〈註〉

＊1 IB の四つの教育プログラムは以下のとおりである。
「初等教育プログラム（Primary Years Programme 略称 PYP）」
（対象は３～12 歳）
「中等教育プログラム（Middle Years Programme 略称 MYP）」
（対象は 11 ～ 16 歳）

「ディプロマ・プログラム（Diploma Programme 略称 DP）」
（対象は 16 ～ 19 歳，２年間）
「キャリア関連プログラム（Career-related Programme 略称 CP）」
（対象は 16 ～ 19 歳，２年間）

＊２　文部科学省 IB 教育推進コンソーシアム事務局「国際バカロレアについて」（2024 年）https://ibconsortium.mext.go.jp/about-ib/dp/（2024 年３月３日最終アクセス）。

＊３　International Baccalaureate Organization. What is an IB education? 2017.（国際バカロレア機構（訳）「国際バカロレア（IB）の教育とは？」）（2017 年）３頁。

＊４　グローバル人材育成推進会議「グローバル人材育成推進会議 中間まとめ 2011（平成 23）年６月 22 日」https://www.mext.go.jp/b_menu/shingi/chousa/koutou/46/siryo/__icsFiles/afieldfile/2011/08/09/1309212_07_1.pdf（2023 年９月 30 日最終アクセス）。

＊５　「義務教育の段階における普通教育に相当する教育の機会の確保等に関する法律（略称：教育機会確保法）」2016 年公布。

＊６　edu JUMP！「【速報】国際バカロレア認定校等，目標の 200 校を達成！」https://edujump.net/article/10472/（2024 年３月３日最終アクセス）。

＊７　生活・総合的な学習の時間ワーキンググループ「生活・総合的な学習の時間ワーキンググループにおける審議の取りまとめ（総合的な学習の時間）（平成 28 年８月 26 日）」https://www.mext.go.jp/b_menu/shingi/chukyo/chukyo3/064/sonota/1377064.htm（2024 年３月３日最終アクセス）。

〈参考文献〉

・御手洗明佳・赤塚祐哉・井上志音編著『国際バカロレア教育に学ぶ授業改善―資質・能力を育む学習指導案のつくり方―』北大路書房（2023 年）

執筆者一覧

◆編著者

小野　まどか（おの・まどか）　執筆章：第2章
現在：植草学園大学専任講師
専攻：教育行政学・教育課程行政
主な著作：
『教育行政学［改訂版］ 教育ガバナンスの未来図』（分担執筆，小松茂久編）昭和堂（2016）

御手洗　明佳（みたらい・さやか）　執筆章：第12章
現在：淑徳大学准教授
専攻：教育社会学・高等教育論・教育課程論
主な著作：
『国際バカロレア教育に学ぶ授業改善：資質・能力を育む学習指導案のつくり方』（共著）北大路書房（2023）

坂田　仰（さかた・たかし）　執筆章：第11章
現在：日本女子大学教授
専攻：公法学・教育制度学
主な著作：
『四訂版　学校と法―「権利」と「公共性」の衝突―』（編著）放送大学教育振興会（2024）

◆分担執筆者

※所属・肩書きは2024（令和６）年３月31日現在

大島　隆太郎　日本学術振興会特別研究員（PD）（第１章）
降旗　直子　日本学術振興会特別研究員（PD）（第３章）
江口　和美　敬和学園大学准教授（第４章）
村上　純一　文教大学准教授（第５章）
反橋　一憲　愛知淑徳大学助教（第６章）
内山　絵美子　小田原短期大学専任講師（第７章）
木村　康彦　千葉大学特任助教（第８章）
黒川　雅子　学習院大学教授（第９章）
高木　加奈絵　流通経済大学助教（第10章）

*

山﨑　亜矢子　元幼稚園教諭（コラム１）
三吉　和恵　広島市立袋町小学校校長（コラム２）
杉村　朗　京都市立太秦中学校教諭（コラム３）
牛丸　幸貴　早稲田大学大学院・院生（コラム４）

JSCP 双書　No. 4
【新訂第２版】教育課程論

2024年4月1日　第1刷発行

編　集　小野まどか
御手洗明佳
坂田　　仰
発行人　福山　孝弘
発行所　株式会社 教育開発研究所
〒113-0033　東京都文京区本郷2-15-13
電話　03-3815-7041
FAX　03-3816-2488
URL　https://www.kyouiku-kaihatu.co.jp
E-mail　sales@kyouiku-kaihatu.co.jp
表紙デザイン　㈱クリエイティブ・コンセプト
印刷所　中央精版印刷株式会社

落丁・乱丁本はお取り替えいたします。
定価はカバーに表示してあります。
ISBN978-4-86560-591-4　C3037